MARCHER
MONTRÉAL

AVEC

MADO LAMOTTE

DRAG DIVA

LE VILLAGE
ET LES FAUBOURGS

Sgräff

AVANT-PROPOS

INTRODUCTION

BALADE 1

La rue Amherst, la rue Ontario et le parc
des Faubourgs

BALADE 2

Le Quartier Latin, la rue Sainte-Catherine
et la rue Sainte-Rose

BALADE 3

La nuit dans le Village

Je vous propose une visite au cœur du Village gai de Montréal. C'est un quartier que j'habite depuis quelques années et que je fréquente depuis toujours. J'ai d'ailleurs tout naturellement choisi d'y établir le Cabaret Mado, dont on a célébré le 10e anniversaire en 2012, à peu près en même temps que j'ai fêté mes 25 ans de carrière.

AVANT-PROPOS

Je vis dans mon Village et je le connais comme ma poche. Tous les jours, je pars à pied ou à bicyclette y faire ma tournée. Marché Saint-Jacques pour du fromage et du pain, puis la Grande Bibliothèque pour échanger mes livres. J'arrête prendre un café au De farine et d'eau fraîche avant de me rendre au gym, rue de la Visitation. Je passe chez Chipotle et jalapeño saluer des amis et apprendre quelques mots d'espagnol. J'achète mes fruits au comptoir voisin du métro Papineau, puis je retourne chez moi par la belle rue Sainte-Rose.

Ici, tout le monde me connaît et je connais tout le monde. Un vrai village, quoi! Quand on m'a proposé de parler de mon quartier, de le faire découvrir, j'ai dit oui tout de suite. Oui, parce que c'est un bijou. Oui, parce qu'il est plein d'histoire. Oui, parce qu'il mérite d'être mieux connu.

Sortez donc vos chaussures à talon et vos paillettes; après tout, c'est avec Mado que vous allez marcher!

INTRODUCTION

Capitale gaie comme nulle autre, Montréal accueille des visiteurs venus des quatre coins du monde pour profiter du Village ★. La majorité des gens connaît le Village pour ses bars, ses spectacles et ses festivals, de même que pour la rue Sainte-Catherine piétonne l'été. Autant d'aspects merveilleux de ce quartier qui font que je l'aime. Mais le Village, c'est aussi un lieu riche de culture et d'histoire.

Le Village gai n'existe en fait que depuis une trentaine d'années. Après avoir connu ses heures de gloire dans les années 1990, il vit maintenant un réel renouveau. Plusieurs organismes se sont en effet installés dans le quartier dans le but de le revitaliser et d'y faire une plus grande place à la culture et à l'art.

Des gens de partout ont trouvé leur place dans le Village, et c'est une autre des choses qui font sa beauté. Ouverts et accueillants, ils ont tous envie de partager leurs histoires pour peu que vous leur prêtiez l'oreille.

Je vous propose ici trois balades pour découvrir mon Village et les faubourgs avoisinants.

La première vous mènera vers l'est, dans l'ancien « faubourg à mélasse », là où les traces de l'histoire ouvrière et industrielle du quartier sont les plus visibles.

La deuxième vous entraîne plutôt à l'ouest et traverse le Quartier Latin avant de revenir vers la grande artère : la rue Sainte-Catherine.

Pour tout dire, la troisième balade n'en est pas tout à fait une. Le fait est que le Village se transforme la nuit, de sorte qu'il offre alors une tout autre expérience que le jour. J'ai donc déniché les meilleures adresses pour vous aider à concocter une virée nocturne à votre goût.

Le « Faubourg Québec », à l'origine du Village et des faubourgs voisins, se construit à l'est du Vieux-Montréal alors fortifié vers 1750, à mesure que les artisans quittent les fortifications en raison du coût de la vie trop élevé dans ce secteur. Rapidement, de nombreuses industries s'y installent vu l'abondance de la main-d'œuvre qualifiée. Au début du 19e siècle, les fortifications sont démolies et les bourgeois canadiens-français s'installent eux aussi dans ce secteur. On trouve encore des traces de ces mouvances historiques dans le

**BALADE 1
LA RUE AMHERST,
LA RUE ONTARIO ET LE
PARC DES FAUBOURGS**

DÉPART
Métro : station Beaudry

ARRIVÉE
Métro : station Beaudry

REPÈRES

RESTAURANT
Chipotle et jalapeño
1481, rue Amherst

CAFÉ
De farine et d'eau fraîche
1701, rue Amherst

PARC
Parc des Faubourgs

ARCHITECTURE
Pont Jacques-Cartier

Nous amorçons notre première balade à la **station de métro Beaudry**. En plein cœur du Village gai de Montréal, il s'agit du premier édifice public au monde à afficher les couleurs du drapeau arc-en-ciel.

À la sortie du métro, tournez à droite sur la rue Sainte-Catherine et marchez jusqu'à la rue Amherst, trois intersections plus loin. En chemin, vous croiserez le fameux Cabaret Mado, auquel nous aurons l'occasion de revenir dans la troisième balade.

■ La rue Amherst

La rue Amherst relie le Vieux-Montréal au parc La Fontaine, plus au nord, et elle traverse tout le Village. De cette intersection, on aperçoit au loin, vers le sud, la **tour de l'Horloge**, véritable joyau du patrimoine montréalais situé dans le Vieux-Port de la ville.

Rendez-vous maintenant au 1200, rue Amherst, local 102, où se trouve la **Galerie D** – pour « galerie dentaire » –, un concept hors du commun qui réunit un bureau de dentisterie moderne, une clinique de massothérapie… et une galerie d'art. Rassurez-vous, il n'est pas nécessaire de passer chez le dentiste pour visiter l'exposition du moment !

↓ Métro Beaudry

2 Galerie D

3 Pourquoi pas espresso bar

4 Chipotle et Jalapeño

Revenez sur vos pas et montez la rue Amherst jusqu'au 1447. Le **Pourquoi pas espresso bar** sert le meilleur café à Montréal. Ouvert il y a quelques années à peine par deux jeunes propriétaires amoureux du café – pour ne pas dire de véritables sommeliers du café –, on y propose tous les samedis, à 11 h 30, une dégustation gratuite de cafés choisis (places limitées). Jetez un coup d'œil aux murs; toutes les toiles exposées sont l'œuvre d'artistes locaux à qui le café offre une vitrine. Une adresse qui vaut franchement le détour.

L'été venu, la rue Amherst se transforme et devient une sorte de prolongement de la rue Sainte-Catherine. Si vous en avez l'occasion, profitez de ses **belles terrasses**, plus tranquilles que celles de la grande artère, alors que le Village devient un lieu de rassemblement et de festivals.

Au 1481, rue Amherst, pointe le restaurant **Chipotle et Jalapeño**, un établissement des plus sympathiques où l'on sert une cuisine mexicaine authentique, aussi bonne le midi que le soir. Sans compter que les *gars* de la place sont tous plus beaux les uns que les autres!

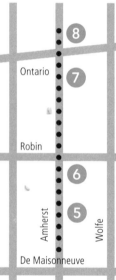

Continuez vers le nord et remarquez au passage les nombreux commerces de service qui côtoient aussi bien les restaurants et les patateries que les boutiques de mode et les résidences privées. Il y a là un charme typique du quartier.

Vous trouverez, rue Amherst, une concentration unique d'**antiquaires** ayant contribué à revitaliser le quartier. Des heures de plaisir pour les amateurs, et nombre de trésors à dénicher. Même les simples visiteurs risquent d'y faire des découvertes inattendues! Ne pressez donc pas trop le pas. Si vos goûts sont plus modernes, arrêtez vous plutôt chez **Pouf-Pouf**.

Un peu plus loin, au 1701, une pause gourmande entre amis s'impose à **De farine et d'eau fraîche**, une superbe pâtisserie où l'on sent le

8

Le bâtiment actuel du marché Saint-Jacques, de style Art déco, date de 1931. La place a cependant cette vocation depuis 1871, ce qui en fait le plus vieux marché public de la métropole. Ce marché de quartier revit de plus belle depuis son acquisition par un nouveau propriétaire en 2012.

5

Silvin Ross, Pouf-Pouf

6

De farine et d'eau fraîche

7

Chez Jack's

8

Marché Saint-Jacques

souci du détail. Tout y est fait sur place, avec goût et devant vos yeux, dans un décor sobre de **style rétro** aux touches victoriennes. Aussi beau que bon.

Au 1883, arrêtez-vous un moment – ou plusieurs heures – **Chez Jack's**, ma boutique préférée de meubles et de design. C'est l'endroit rêvé pour concevoir un décor rétro inspiré des années 1950 à 1980.

À l'intersection suivante, rue Ontario, vous attend un lieu tout ce qu'il y a de charmant : le **marché Saint-Jacques**, connu dans le Village sous le nom de « marché Amherst » ★. Il s'agit d'un véritable **marché de quartier**, et comme dans un petit village, tout le monde s'y connaît. On y arrête faire ses courses et saluer au passage le boucher, le boulanger, le fromager... Tous les vendredis d'été, le marché reçoit les **producteurs du Québec**, qui viennent y proposer leurs produits frais, sans oublier un magnifique kiosque de fleurs. À ne pas manquer ! Le marché est ouvert toute l'année.

Quelques pas plus hauts sur la rue Amherst se dresse l'**Écomusée du fier monde**, un arrêt obligé dans notre balade. Logé dans l'ancien bain public Généreux, il s'agit d'un musée citoyen qui présente l'**histoire industrielle et ouvrière** de Montréal. Quoi de mieux pour comprendre les vestiges du passé qui jalonnent les parcours que nous faisons ensemble! Entrez-y découvrir l'exposition permanente ou participer aux activités offertes.

■ **La rue Ontario**

Revenez sur vos pas jusqu'à la **rue Ontario** ★, traversez la rue et poursuivez vers l'est, soit à gauche. Cette portion de l'artère est caractérisée par de nombreux bâtiments datant du début du 20ᵉ siècle.

Si vous prenez le temps de poser un regard sur les rues avoisinantes, de part et d'autre de la rue Ontario, vous constaterez qu'elles sont bordées de nombreux arbres et que presque chacune d'elles se voit agrémentée d'un parc. Autant de **havres de paix verdoyants** où il fait bon s'attarder. Mais n'oubliez pas pour autant de regarder en l'air, car il y a là de magnifiques maisons dispersées entre les constructions plus récentes, vestiges d'autres temps qui ont marqué le Village. Je vous pointerai mes préférées.

★ De tout temps, la rue Ontario a été au cœur de la vie sociale des résidants du quartier, et elle l'est encore aujourd'hui. Cette importante artère a conservé les traces de l'histoire du Centre-Sud grâce aux nombreux édifices patrimoniaux qui s'y trouvent. Nous aurons d'ailleurs l'occasion d'en voir plusieurs au cours de notre balade.

À l'angle des rues Ontario et Montcalm, vous atteignez le **parc Charles-Mayer**, un des nombreux espaces verts des Faubourgs aménagés aux détours des rues. Admirez sur la façade extérieure du commerce adjacent la **murale *Time in the city***. Le quartier regorge de ces murales graffiti : il y en a plus d'une centaine ! Gardez donc l'œil ouvert. Le site Internet lesfaubourgs.ca (en français seulement) tient en outre un répertoire complet de ces œuvres.

La caserne Beaudry, construite en 1875-1876, a fermé ses portes le 23 février 1986.

À l'intersection suivante s'élève l'édifice du centre jeunesse, que je vous invite à contourner jusqu'à l'arrière par la rue Beaudry. Ses **grandes portes de garage** révèlent en effet sa fonction première ; il s'agit, vous l'aurez deviné, d'une ancienne caserne de pompiers ! ★

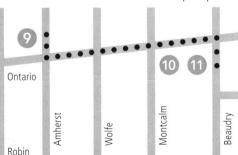

12
Parc des Joyeux-Vikings

13
Pignon bleu

14
Usine C et Olive Orange

15
Théâtre Prospero

En faisant un petit crochet à droite sur la rue Beaudry, vous découvrirez, à environ 200 mètres, le joli **parc des Joyeux-Vikings**, ainsi nommé à la suggestion d'un enfant inspiré par une murale aujourd'hui disparue. Après avoir observé ses jeux d'eau en forme de drakkar, traversez le parc pour rejoindre la rue de la Visitation. En jetant un œil à droite, vous apercevrez un **magnifique pignon bleu** surmontant une de mes maisons préférées dans le quartier.

Retournez vers la rue Ontario, à gauche.

Voyez-vous la très haute cheminée sur votre droite ? C'est celle de l'**Usine C** ★, une fabrique de confitures et de marinades aujourd'hui transformée en théâtre. Si vous y êtes entre midi et 18 heures, n'hésitez pas à entrer ; vous y trouverez une **galerie** adjacente à la salle de spectacle où sont présentées plusieurs expositions chaque année. Sur l'heure du dîner, si vous avez une petite fringale, laissez-vous tenter par le **bistro Olive Orange**, situé dans le complexe même du théâtre. L'été, on peut y profiter d'une terrasse et d'un **joli jardin privé**.

Fondée en 1994-1995 par la compagnie de théâtre Carbone 14, l'Usine C présente chaque année des œuvres de création contemporaine en théâtre, en danse, en musique et en art électronique et électroacoustique. Le choix de l'ancienne usine Raymond comme lieu de création et de diffusion s'inscrit dans la démarche de cette compagnie et de ses cofondateurs Danièle de Fontenay et Gilles Maheu. Tout en conservant une partie du patrimoine industriel du quartier, l'implantation de ce théâtre dans le secteur participe depuis son ouverture à la revitalisation des Faubourgs.

14 De retour sur la rue Ontario, prenez vers l'est, soit à droite. Ce secteur de l'artère foisonne de **commerces anciens**, comme la bijouterie située au 1368. Un regard attentif vous permettra de déceler sa vieille enseigne au-dessus de la porte, camouflée par les couches de peinture.

Au 1371, rue Ontario Est, entre les rues Panet et Plessis, vous trouverez le **Théâtre Prospero**. Le bâtiment que vous voyez a été largement rénové en 1994-1995 à la suite d'un incendie majeur. Fondé en 1984 sous le nom d'Espace La Veillée, le théâtre est rebaptisé Prospero en 1999 en référence au personnage de la pièce de Shakespeare *The Tempest*. L'emplacement du théâtre s'est voulu un lieu de divertissement dès sa construction en 1911, accueillant tout d'abord une salle de spectacle (la Lune rousse), puis un cinéma familial (le Caméo) et un cinéma de films pour adulte (le Québécois 11). Un nombre important d'artistes populaires québécois ont honoré ses planches, dont Rose Ouellette, dite « La Poune », la célèbre humoriste montréalaise.

À l'angle des rues Ontario et Plessis, admirez l'imposante **église Saint-Cœur-de-Jésus** - une des nombreuses églises du quartier -, fondée en 1874. Moi, si j'entre là, l'eau bénite se met à bouillir ! Il paraît toutefois que l'intérieur est splendide.

De ce point, prenez le temps de lever les yeux et de regarder autour de vous. L'architecture environnante me rappelle la ville de San Francisco, où j'ai déjà habité.

Poursuivez vers l'est et rendez-vous, 150 mètres plus loin, au **Lion d'Or**, au 1676, rue Ontario Est. Créé dans les années 1930, ce cabaret s'impose aujourd'hui comme un espace culturel consacré à la relève. Malgré les rénovations nécessaires pour en faire une salle de spectacle moderne, tous les éléments de décor respectent le style d'origine **Art déco**. Arrêtez-vous un moment pour observer la magnifique murale représentant **Alys Robi** sur la façade extérieure. Intitulée *Laissez-la toujours chanter*, la murale a été réalisée par **Rupert Bottenberg** et **William Daniel Buller**, et produite par l'organisme MU.

Si vous souhaitez visiter l'intérieur des lieux, sachez qu'il est

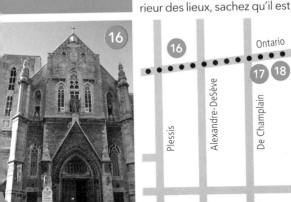

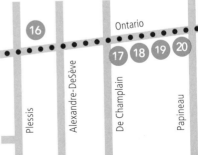

Le Village

nécessaire de faire une réservation de groupe en téléphonant au 514 598-0709.

Si votre estomac crie famine à ce point de la balade, vous avez deux choix : le restaurant **Au petit extra**, un bistro jouxtant le Lion d'Or qui propose une cuisine d'inspiration française, et le café **Fabrique Arhoma** voisin, au 1700, qui propose sandwiches et pâtisseries.

Traversez ensuite l'avenue Papineau et poursuivez vers l'est. Vous ne manquerez pas de remarquer, de l'autre côté de la rue, la rigolote façade du restaurant **Chez ma grosse truie chérie**. Eh oui ! C'est bien un gros cochon que vous voyez là. On élabore ici des plats de saison à partir de produits du terroir québécois. De quoi faire de belles découvertes.

À l'est de l'avenue Papineau, vous entrez dans un secteur connu pour ses nombreux salons de tatouage, dont les enseignes égaient le décor. Vous verrez également au passage plusieurs très **belles murales** sur les façades des commerces avoisinants. Si cette forme d'art vous plaît, prenez le temps de parcourir les rues et les ruelles des environs pour en découvrir beaucoup plus.

Continuez ensuite vers l'est jusqu'à la rue Parthenais. En chemin, vous croiserez l'immense parc des Faubourgs, au programme un peu plus tard dans la balade.

■ **La rue Parthenais**

Tournez à gauche sur la rue Parthenais et rendez-vous au 2065, où trône l'ancienne **usine Grover**★. Construit en 1923, cet édifice a abrité jusqu'en 1993 une manufacture de vêtements. Dès l'année suivante, il est transformé en espaces locatifs, et depuis, plusieurs artisans et créateurs de toutes sortes s'y sont installés. Tous les ateliers ne sont pas ouverts au public, mais certains le sont, et méritent une visite. Cela dit, une fois l'an, en mai, à l'occasion de

Papineau | Goulet | Cartier | Dorion | Bordeaux | De Lorimier

25

la « virée des ateliers », plusieurs artisans ouvrent leurs portes; il s'agit là d'une des rares façons de découvrir les artistes et designers de la relève québécoise, et d'en profiter à bon prix!

Un peu plus au nord sur la rue Parthenais, au 2205, le **Chat des artistes** propose un événement du même genre, le Salon de Noël, qui donne la chance de rencontrer des créateurs talentueux. Le centre n'est pas ouvert au public le reste de l'année, mais on peut deviner que, sans lui, plusieurs artistes n'auraient pas l'occasion de se faire connaître.

Revenez sur vos pas jusqu'au parc des Faubourgs. En marchant vers le sud sur la rue Parthenais, vous verrez les *Moulins d'art*, à savoir des tubes rotatifs qui sont en fait des **installations photographiques**. Allez-y, n'hésitez pas! Ils sont conçus pour être touchés et ainsi favoriser un rapprochement entre l'art et son public.

Une fois devant le **parc des Faubourgs**, cédez à l'appel du sud – en direction du pont – et laissez-vous inspirer par le paysage.

Larivière

Parthenais

Ontario

Grâce à une initiative de l'organisme Voies culturelles des faubourgs, la rue Parthenais s'est transformée depuis peu en pôle de création culturel. On y trouve déjà 3 importants lieux de création : le Chat des artistes, l'usine Grover et la coop Lezarts. Un secteur en plein essor à surveiller dans les années à venir.

■ Le parc des Faubourgs et le pont Jacques-Cartier

Le **parc des Faubourgs** est un lieu de rassemblement à nul autre pareil dans le quartier. Prenez le temps de faire le tour de ce bel espace où l'on organise de grandes fêtes en période estivale. Admirez au passage les œuvres installées ici et là. Véritable **exposition à ciel ouvert**, ce parc est tout à la fois un centre de culture et de divertissement. Son nom témoigne par ailleurs de l'histoire du secteur, appelé successivement « faubourg Sainte-Marie » et « faubourg Québec ». Avec un peu de chance, les beaux soirs d'été, vous pourrez même croiser certaines *drag queens* du Cabaret Mado qui vont y répéter leurs numéros.

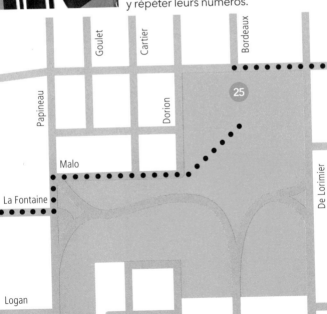

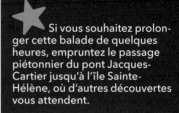

★ Si vous souhaitez prolonger cette balade de quelques heures, empruntez le passage piétonnier du pont Jacques-Cartier jusqu'à l'île Sainte-Hélène, où d'autres découvertes vous attendent.

Au sud du parc, le **pont Jacques-Cartier**★ est sans aucun doute le plus beau pont de Montréal. En 2013, un jury d'une quarantaine de Montréalais influents –dont moi– l'a d'ailleurs classé **3e symbole le plus emblématique** de Montréal. La vue depuis le pont est elle-même des plus inspirantes, et on y a une perspective incomparable sur le Village, sans oublier le parc d'attractions La Ronde, la Biosphère et le Stade olympique. L'été, des milliers de piétons l'envahissent également toutes les semaines pour assister aux **spectacles pyrotechniques** du festival international de feux d'artifice. Personnellement, j'aime toutefois mieux regarder paisiblement les feux d'une des rues du Village ou d'une terrasse sur un toit.

Pour poursuivre la balade, rendez-vous à la rue La Fontaine. Pour ce faire, sortez du parc des Faubourgs du côté ouest; vous serez alors sur la rue Dorion. Tournez ensuite à droite sur l'avenue Malo, puis traversez l'avenue Papineau, que vous enfilez à gauche. La rue La Fontaine se trouve environ 50 mètres plus loin. Tournez alors à droite et continuez votre chemin.

Le Village

23

Je vous encourage ici à zigzaguer entre les rues La Fontaine et Logan pour bien profiter de ce joli bout de quartier. Certaines des plus **belles maisons** des environs s'y trouvent.

Et ne ratez surtout pas la petite **avenue Lartigue**, la plus belle rue du Village! Elle s'étend un peu à l'ouest de Panet, mais seulement entre la rue Logan et le boulevard De Maisonneuve. De prime abord, on pourrait croire qu'il s'agit d'une simple ruelle parmi tant d'autres, mais vous aurez tôt fait d'en apprécier toute la beauté et de vous y sentir transporté dans une autre contrée. J'aime beaucoup m'imprégner de ce paysage d'un ailleurs pourtant si près.

Tournez à droite sur le boulevard De Maisonneuve, puis à gauche sur la rue Beaudry. La station de métro Beaudry, notre point de départ, se trouve à l'intersection suivante.

De là, si vous souhaitez enchaîner avec la deuxième balade, rendez-vous au métro Sherbrooke.

26

Belles maisons

27

Avenue Lartigue

Le Village

BALADE 2
LE QUARTIER LATIN,
LA RUE SAINTE-CATHERINE
ET LA RUE SAINTE-ROSE

DÉPART

Métro : station Sherbrooke, sortie ouest (vers l'ITHQ)

ARRIVÉE

Métro : station Beaudry

REPÈRES

RESTAURANT

Mezcla

1251, rue De Champlain

CAFÉ

La mie matinale

1654, rue Sainte-Catherine Est

PARC

Square Saint-Louis

ARCHITECTURE

Grande Bibliothèque

475, boulevard De Maisonneuve Est

Le Village

Notre deuxième balade débute à la station de métro Sherbrooke. Sortez par la rue De Rigaud et descendez la rue Berri jusqu'au prochain carrefour. Vous êtes sur la **rue Sherbrooke**. Ouverte à la circulation au début du 19e siècle, cette importante artère était alors une allée résidentielle prestigieuse à la limite nord de la ville. Il est d'ailleurs encore possible d'admirer ici et là certaines des maisons bourgeoises qui ont marqué son histoire, bien qu'une grande partie d'entre elles ait été détruite pour faire place à des hôtels et des bâtiments publics.

C'est ainsi que certaines des somptueuses demeures qui subsistent côtoient des édifices modernes plus ordinaires. Je vous invite à porter une attention particulière, sur la gauche, à **trois belles maisons** : celle à la corniche bleue, celle aux majestueuses colonnes et celle, plus étroite, qu'on pourrait croire sortie des contes des mille et une nuits. Je les trouve personnellement superbes !

Revenez sur vos pas et enfilez la rue De Rigaud, à gauche, en direction de l'**Institut de tourisme et d'hôtellerie du Québec (ITHQ)**★.

↓

Métro Sherbrooke

2

ITHQ

3

Square Saint-Louis et maisons cossues qui le bordent

★ L'ITHQ, école de gestion hôtelière spécialisée en tourisme, hôtellerie, restauration et sommellerie, renferme aussi un restaurant d'application pédagogique. Cassez-y la croûte pour découvrir en primeur les talents des futurs chefs québécois.

Traversez ensuite la rue Saint-Denis pour vous rendre dans le **square Saint-Louis**.

■ Le square Saint-Louis

C'est en 1876 que le square Saint-Louis devient un jardin public. S'y trouvait auparavant, depuis 1820, un réservoir d'eau désaffecté en 1852 à la suite d'un incendie dévastateur. Dès l'inauguration du square et l'aménagement de sa grande fontaine, le secteur devient un lieu de prédilection pour les bourgeois canadiens-français, comme en témoignent les **maisons cossues** qui le bordent.

Prenez tout le temps voulu pour explorer cet important lieu patrimonial qu'est le square Saint-Louis,

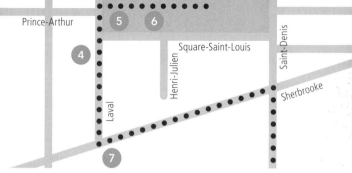

Prince-Arthur

⑤ ⑥

④

Square-Saint-Louis

Henri-Julien

Saint-Denis

Laval

Sherbrooke

⑦

⑥

mais aussi les rues qui l'entourent. Les demeures colorées des environs ont gardé tout leur charme de l'époque victorienne, et de nombreux artistes québécois – des écrivains surtout – ont résidé par ici, notamment **Claude Jutra, Gaston Miron, Émile Nelligan** ★ ainsi que mon idole et mon inspiration : **Michel Tremblay** ! Une plaque à gauche de la porte du 3686, avenue Laval, marque le lieu de résidence de la famille Nelligan alors que le poète était encore enfant.

4

Ancienne maison de Claude Jutra

5

Buste de Nelligan

Dans le square même, outre la magnifique **fontaine**, on trouve un **buste en bronze d'Émile Nelligan**, un monument à la mémoire

④

★ Poète montréalais souvent comparé à Arthur Rimbaud, Émile Nelligan est une figure marquante de la littérature canadienne-française. Interné à l'âge de 20 ans, sa poésie est empreinte des thèmes de l'enfance, de la folie, de l'amour, de la musique et de la mort.

7

★ Si vous le souhaitez, à partir du square Saint-Louis, vous avez aussi accès à la rue piétonne Prince-Arthur. Vous y trouverez une belle sélection de restaurants « apportez votre vin ».

6

Café du square
Saint-Louis

7

Ancien collège
Mont-Saint-Louis

d'**Octave Crémazie**, des **arbres majestueux** et un **joli petit café** (l'été seulement).

Rendez-vous à l'extrémité ouest du square et enfilez l'avenue Laval à gauche ★. Admirez au passage d'autres belles maisons bourgeoises du nombre de celles qui font le charme du **Quartier Latin**. Au bout de l'avenue Laval, sur la rue Sherbrooke, se dresse la structure de l'ancien collège pour garçons Mont-Saint-Louis, aujourd'hui déménagé sur le boulevard Henri-Bourassa. Depuis 2012, le bâtiment que vous voyez est protégé en vertu de la *Loi sur le patrimoine culturel*, et pour cause !

Tournez à gauche sur la rue Sherbrooke et rendez-vous à l'angle de la rue Saint-Denis.

Le Village

31

5

La rue Saint-Denis est ouverte à la circulation au tournant du 19e siècle et sert alors de voie de communication entre l'ancienne ville fortifiée et les villages qui forment aujourd'hui l'arrondissement du Plateau-Mont-Royal.

■ **Le Quartier Latin**

La rue Saint-Denis est une importante rue commerciale de Montréal, et l'artère principale du Quartier Latin ★. Nuit et jour, elle grouille de monde et il y a beaucoup à découvrir. Allez-y, explorez!

Rendez-vous d'abord au 2011, rue Saint-Denis. Le **Manga Thé** est une librairie spécialisée en **bandes dessinées japonaises** doublée d'un salon de thé, un concept inusité pour le moins rafraîchissant. Les libraires connaissent leur marchandise et peuvent vous conseiller dans vos lectures. Si le cœur vous en dit, prenez le temps d'y lire un album en dégustant l'une des quarante variétés de thé offertes. Quant à moi, je vous suggère le manga *Les gouttes de Dieu* – je le dévore depuis le tout premier tome!

8
Manga Thé

9
Cinéma
Quartier Latin

Plus au sud, tournez à droite sur la rue Émery, qui ne manque pas d'attraits. Au 350, le **cinéma Cinéplex Odéon Quartier Latin** est un lieu de divertissement bien connu des Montréalais : on y présente des films de langue française dans dix-sept salles de projection. Si un titre retient votre attention et que l'horaire des représentations coïncide avec le vôtre, profitez-en ; à moins que vous ne préfériez prendre des billets pour une représentation en soirée, après votre balade…

Juste en face, au 351, la maison de thé **Camellia Sinensis** est l'endroit rêvé pour découvrir des thés des quatre coins du globe. Fondée par quatre véritables passionnés, on y propose aussi des dégustations, de même que des cours de préparation du thé à l'école de l'établissement, quelques pas plus loin.

Au 301, rue Émery, le **café Saint-Henri Quartier Latin** se veut une option intéressante si vous n'êtes pas très « thé » ! À mi-chemin entre le métro, d'une part, et, d'autre part, le Cégep du Vieux-Montréal et l'Université du Québec à Montréal, ce sympathique petit café de quartier est un véritable

10
Camellia Sinensis

11
Café
Saint-Henri

repère d'étudiants. Le café y est par ailleurs excellent.

Continuez jusqu'au bout de la rue Émery et tournez à gauche sur la rue Sanguinet, puis de nouveau à gauche sur le boulevard De Maisonneuve, 100 mètres plus loin.

Au 335, boulevard De Maisonneuve Est, la **Cinémathèque québécoise** a pour mission de sauvegarder non seulement le patrimoine audiovisuel du Québec et du Canada, mais aussi de partout dans le monde. On peut y visionner des films de répertoire qu'on ne pourrait voir autrement, et visiter des expositions thématiques d'une qualité exceptionnelle.

Tournez à gauche sur la rue Saint-Denis et remontez-la jusqu'au 1649, où vous attend le **pub L'île Noire**. Si vous êtes amateur de scotch – ou si vous souhaitez en découvrir –, vous ne trouverez pas de meilleure adresse en ville. La carte en propose plus de 140!

■ **Place Paul-Émile-Borduas**

Empruntez ensuite la ruelle adjacente au pub L'île Noire et contemplez au passage l'immense murale de l'**organisme MU** en

La Grande Bibliothèque,
d'une superficie totale de
33 000 mètres carrés sur 6 étages,
contient plus de 4 millions de
documents, dont 1,2 million de
livres, ce qui en fait la plus grande
institution culturelle du Québec.
Il s'agit d'un des rares édifices de
Montréal à avoir été conçu à la
suite d'un concours d'architecture
international.

hommage à **Paul-Émile Borduas**.
L'organisme MU s'est donné
comme mission de promouvoir et
soutenir l'art public dans la région
de Montréal. Pour ce faire, l'équipe
de MU a réalisé en de nombreux
points de la ville des murales
qui raniment certains secteurs
dépourvus d'éclat. La place
Paul-Émile-Borduas est un parfait
exemple de son travail : cette ruelle
auparavant peu accueillante s'est
vue complètement revitalisée
par l'immense murale créée pour
marquer le cinquantième anniversaire du décès du célèbre auteur
du *Refus global*.

L'édifice qui se trouve droit devant
vous est la **Grande Bibliothèque**.
L'été, l'avenue Savoie, qui s'étend
tout au long de la façade ouest de
la bibliothèque, devient l'**Allée des
bouquinistes**. On y trouve alors
des ouvrages de toutes sortes,
anciens, spécialisés, usagés… Un
véritable trésor pour tout amoureux
des livres.

Pour les touristes, la Grande
Bibliothèque ⭐ elle-même est le
lieu tout indiqué pour consulter
journaux et magazines ou pour
profiter d'une connexion Internet.
Ouverte en avril 2005, elle

La Villes

3

ALLÉE DES
BOUQUINISTES

15

15

**Grande
Bibliothèque
et l'Allée des
bouquinistes**

17

s'impose comme un des plus importants pôles culturels de Montréal. Il va sans dire que les étudiants des établissements voisins la fréquentent assidûment, mais elle connaît aussi un grand succès auprès de l'ensemble de la population. Conférences, expositions, spectacles pour enfants et autres événements en font d'ailleurs bien plus qu'un centre de documents de référence. Au risque de vous surprendre, il s'agit même d'un bon endroit pour... draguer!

Traversez la bibliothèque pour sortir sur le boulevard De Maisonneuve. De l'autre côté de la rue s'étend la **place Émilie-Gamelin**★. Ce parc inauguré en août 2005 est un des plus fréquentés de la ville, sans doute en raison de son emplacement.

Ontario

Savoie

15

De Maisonneuve

16

Berri

Sainte-Catherine

17

16

Place Émilie-Gamelin

17

Archambault

★ Dans le quartier, la place Émilie-Gamelin est connue sous plusieurs noms : parc Berri, place du Quartier latin, square Berri ou encore parc UQAM. Soyez donc attentifs si vous demandez votre chemin !

L'été, on peut y jouer aux échecs sur des **échiquiers géants**, du côté sud de la place, et plusieurs festivals s'y déroulent. Un marché public doublé d'un comptoir de fleurs s'y installe une fois la semaine entre juillet et octobre, et une **exposition en plein air** se tient sur le large trottoir qui longe la rue Sainte-Catherine. Si vous aimez les endroits vivants et vibrants, ne cherchez pas plus loin.

En face du parc, à l'angle des rues Sainte-Catherine et Berri, se trouve la plus vieille succursale du **magasin Archambault**. Spécialisée en articles de musique – instruments, partitions, livres, disques, etc. –, cette institution québécoise fut fondée en 1896. Quant au magasin de la rue Berri, sa construction date de 1930, et il abrite à ce jour

Le Village

37

16

Sainte-Catherine

18   17   19   20   21

Berri
Labelle
Saint-Hubert
Saint-Christophe
Saint-André
Saint-Timothée
Amherst
Wolfe

18
Chapelle Notre-Dame-de-Lourdes

19
Façade originale

20
916, rue Sainte-Catherine

21
L'Olympia

le bureau principal du groupe. Remarquez ses étroites fenêtres rectangulaires et son toit plat ornementé de parapets sculptés, marques du style Art déco.

Avant de poursuivre la balade vers l'est, faites un détour de quelques pas de l'autre côté de la rue Berri. Vous trouverez au 430, rue Sainte-Catherine Est, la **chapelle Notre-Dame-de-Lourdes**. Erigée à la fin du 19e siècle, c'est une pure merveille d'architecture.

Revenez ensuite sur vos pas pour continuer vers l'est sur la rue Sainte-Catherine. En saison estivale, vous êtes sur le point d'entrer dans la zone piétonne.

■ **La rue Sainte-Catherine**

La **rue Sainte-Catherine** est le cœur même du Village. Depuis

plus de 100 ans, elle est connue comme l'artère commerciale la plus importante de la ville – avec raison. Plusieurs boutiques et magasins installés ici ont conservé une partie des façades d'origine, ce qui crée une drôle de **mosaïque architecturale**. Remarquez, par exemple, au 916, rue Sainte-Catherine Est, l'immeuble aux lignes verticales de **style Art déco**. Voyez-vous les ornements tout en haut? Ce sont des vestiges d'une **ancienne pharmacie** datant des années 1930.

Banques, théâtres, vieux commerces… levez les yeux; il y a de tout un peu partout! Vous y trouverez sûrement de quoi combler un besoin ou un désir soudain. Il y a même deux bonnes adresses fétichistes à proximité :

Fétiche Armada, au 1201, rue Sainte-Catherine Est, doit entre autres sa réputation à ses produits et **vêtements de cuir** de haute qualité pour les amateurs comme pour les plus expérimentés.

Chez Priape, au 1311, rue Sainte-Catherine Est, est une boutique érotique et de mode fétiche fondée en 1974 et bien connue dans le Village. Profitez de votre passage pour observer la **magnifique façade** du bâtiment.

21

22
Fétiche
Armada

23
Chez Priape

24

La mie matinale

25

Mezcla

Poursuivez jusqu'à la rue De Champlain, quelques intersections plus loin. Vous croiserez en route, au 1654, rue Sainte-Catherine Est, **La mie matinale**, une boulangerie artisanale où l'on fait tout sur place. Le propriétaire, grand admirateur de Dalida, a décoré son commerce avec soin en l'honneur de la célèbre chanteuse.

Tournez à droite sur la rue De Champlain et rendez-vous au 1251. Le **restaurant Mezcla** est sans conteste le meilleur du Village. Son nom, qui signifie « mélange » en espagnol, reflète bien son concept culinaire pour le moins inusité, puisqu'il fusionne des recettes sud-américaines – surtout péruviennes –, des techniques de préparation françaises et des produits du terroir québécois. S'il n'est pas encore l'heure de manger, faites une réservation au passage.

Tout juste passé le restaurant, prenez à gauche sur la rue Sainte-Rose. Au 1671 se trouve une **magnifique maison française** qui me rappelle le Vieux-Montréal. Quand j'en ai l'occasion, je fais un petit détour pour la voir.

Sainte-Catherine

Beaudry · Visitation · Panet · Plessis · Dalcourt · Alexandre-DeSève · De Champlain

Sainte-Rose

24 · 25 · 27 · 28

26

1671,
rue Sainte-Rose

27

Rue Sainte-Rose

28

Murale et poème
de Denis Vanier

Revenez sur vos pas et continuez vers l'ouest sur la rue Saint-Rose, en **grande partie piétonne** au-delà de la rue De Champlain, et ce, jusqu'à la rue Beaudry. Un panneau de signalisation vous confirme qu'il s'agit bien de la rue en question alors qu'on dirait plutôt une ruelle. En faisant abstraction de l'avenue Lartigue, c'est la plus jolie rue du quartier ; elle offre en effet un passage d'est en ouest à la fois **charmant et paisible** que ne peuvent égaler ni la rue Sainte-Catherine ni le boulevard René-Lévesque.

Cheminez tranquillement jusqu'à la rue Beaudry en vous arrêtant au gré de vos envies dans l'une ou l'autre des aires aménagées.

Le Village

4

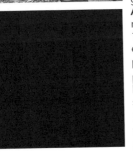

La section suivant la rue Plessis vous réserve une superbe murale représentant le poète **Denis Vanier** sur laquelle figure un de ses poèmes.

En arrivant à la rue Panet, levez les yeux sur votre gauche, où s'élève **la tour de Radio-Canada**, un des symboles du quartier.

Un peu plus loin, toujours sur la gauche, surgit le flanc de pierres grises de l'**église Saint-Pierre-Apôtre**, dont l'entrée se trouve sur la rue de la Visitation. Construite vers 1850 selon le style néo-gothique, elle vaut le détour.

De retour à la rue Sainte-Rose, prenez à gauche, puis à droite sur la rue Beaudry pour rejoindre la station de métro éponyme.

Si vous ne l'avez pas encore fait, vous pouvez de ce point amorcer la première balade.

27

Rue Sainte-Rose

28

Murale et poème de Denis Vanier

29

Église Saint-Pierre-Apôtre

↓

Métro Beaudry

Sainte-Catherine

Beaudry

Visitation

Sainte-Rose 29

Le Village

27

27

L'Ordre du jour

Il est midi,
il fait noir.

Les projecteurs de la police
allument le jour
que nous ne voulons plus voir,

surtout le terrorisme
du bonheur des autres.

Il faudrait mitrailler ces banquets
qui nous tuent,

coudre aux lèvres des itinérants
ces rires qui bavent la joie

d'être propre.

Il cultive des orchidées,
elle joue de l'accordéon.

Denis Vanier
1949-2000

28

BALADE 3
LA NUIT DANS
LE VILLAGE

DÉPART
Métro : station Beaudry

ARRIVÉE
Métro : station Beaudry

REPÈRES

RESTAURANT
Saloon
1333, rue Sainte-Catherine Est

BAR
Stud
1812, rue Sainte-Catherine Est

SALLE DE SPECTACLE
Cabaret Mado
1115, rue Sainte-Catherine Est

ARCHITECTURE
Usine C
1345, avenue Lalonde

Pour cette troisième balade, je vous propose une formule un peu différente, soit une visite du Village de soir et de nuit à la carte. Autrement dit, je vous laisse choisir, à travers les différentes activités que je vous suggère, l'itinéraire qui vous plaît, selon qu'il sera l'heure de prendre l'apéro ou d'aller danser.

Le Village est un quartier débordant de vie grâce à ses nombreux restaurants, bars, boîtes de nuit et salles de spectacle. La meilleure façon de bien le découvrir, c'est de s'y aventurer. Les gens de partout à Montréal, voire de partout ailleurs

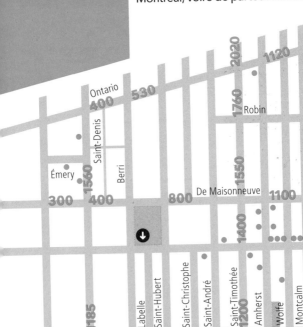

au Québec, affluent vers le Village pour ses nombreux divertissements. Venez y profiter des belles terrasses et des festivals l'été, ou encore de fêtes variées tout au long de l'année.

On dit partout dans le monde que Montréal est la ville de fête par excellence. Une soirée dans le Village, et vous en serez convaincu !

Voici mes coups de cœur :

Les Montréalais ont une prédilection marquée pour l'heure de l'apéro, communément appelée « 5 à 7 » par chez nous, et la plupart des quartiers se vantent d'offrir ce qu'il y a de mieux à ce chapitre. Mais il va sans dire que le meilleur se trouve dans le Village ! L'été, avec toutes les terrasses qui bordent la rue Sainte-Catherine Est, on peut facilement arrêter pour un cocktail un peu partout. Le café est aussi très populaire au 5 à 7, peut-être pour faire le plein d'énergie avant de faire la fête toute la nuit…

1 Aigle noir
1315, rue Sainte-Catherine Est

L'aigle noir se targue d'être « le bar le plus gai du Village ». Son 5 à 7, presque exclusivement masculin, est tout indiqué pour faire des rencontres coquines.

2 Complexe Sky
1474, rue Sainte-Catherine Est

Le 5 à 7 le plus réputé du Village est celui du complexe Sky, l'endroit rêvé pour débuter la soirée en beauté. Si jamais vous avez envie d'une petite trempette, il y a même une piscine et un spa sur le toit !

LA BONNE BOUFFE

Vu le nombre de restaurants du quartier, il y en a forcément pour tous les goûts et tous les budgets. Vous n'aurez donc que l'embarras du choix.

3 Bistro Florin
1440, rue Amherst

Ce restaurant français sert une excellente bouffe à prix très raisonnable. L'ambiance est conviviale, et c'est avec plaisir qu'on s'y retrouve entre amis.
Apportez votre vin.

4 Comptoir 21
1117, rue Sainte-Catherine Est

Voisin du Cabaret Mado, les *drag queens* s'y retrouvent souvent pour manger un bon *fish and chips*. Moi, je suis une vraie fan de sa chaudrée de palourde, sans aucun doute la meilleure du monde. Quoi qu'il en soit, un souper au Comptoir 21 suivi d'une soirée au Cabaret reste une combinaison gagnante.

Le Village

 Aires libres
Mi-mai au début septembre

Chaque année depuis 2006, la rue Sainte-Catherine Est dans le Village se transforme en artère piétonne. Les terrasses y foisonnent, de même que les fameuses *Boules roses* du designer urbain Claude Cormier – son œuvre-installation en compte 170 000 de trois tailles en cinq teintes de rose suspendues au-dessus de la rue sur environ 1,2 kilomètre. Le secteur devient du coup le lieu d'une grande fête estivale.

5 Coo rouge
1844, rue Amherst

Le Coo rouge est un restaurant spécialisé dans les burgers de viande sauvage. Ainsi trouve-t-on sur sa carte des variantes aussi inusitées que le burger de wapiti ou de kangourou. Une terrasse accueillante bordée d'arbres vous attend à l'arrière du restaurant.

6 1000 grammes
1495, rue Sainte-Catherine Est

Autrefois appelé le Kilo, cet endroit est tout indiqué pour une pause gourmande. Une soudaine envie de sucre en chemin? Vous êtes au bon endroit. Notez cependant que le menu propose aussi quelques bons sandwiches et un super burger végétarien dont je ne me lasse pas.

7 Lallouz café et kébaberie
1327, rue Sainte-Catherine Est

Comme son nom le laisse deviner, le Lallouz propose une cuisine marocaine savoureuse. On a l'impression d'y partir en voyage le temps d'une soirée exotique. Menu de plats à partager, ce qui convient parfaitement pour un souper entre amis.

8 Le resto du Village
1310, rue Wolfe

Bien qu'il n'y soit nullement question de haute gastronomie, ce sympathique restaurant de cuisine maison est un incontournable du Village. Ouvert jour et nuit, c'est un rendez-vous populaire à la sortie des bars.

9 Mezcla
1251, rue De Champlain

Mon restaurant préféré dans le Village propose une cuisine d'inspiration sud-américaine apprêtée avec des produits du terroir québécois ; un mélange des deux chefs... et une réussite assurée ! Gérardo, le propriétaire, est un amour.

10 Miyako
1439, rue Amherst

Dans un décor original de boiseries, papier de riz et peintures japonaises authentiques, Miyako propose des sushis fabuleux ! Fondé en 1989, ce restaurant a bâti sa popularité sur la qualité de ses plats. Arrivez tôt, car on ferme à 22 heures.

11 Ô Thym
1112, boul. De Maisonneuve Est

Cet établissement s'impose comme l'unique restaurant de fine cuisine française du Village. Au menu, un choix de plats plus savoureux les uns que les autres; vous ne pouvez vous trompez. Avant d'entrer, jetez un coup d'œil à la façade ouest du restaurant; vous y découvrirez une jolie murale au nom du restaurant.
Apportez votre vin.

12 Pho' 21
1454, rue Amherst

Un restaurant de cuisine vietnamienne franchement impressionnant. Il propose, dans une grande simplicité, des plats succulents et pas chers du tout.
Apportez votre vin.

Le Village

13 Poutineville
1365, rue Ontario Est

On propose ici des variations sur le thème du mets typiquement québécois qu'est la poutine. Vous pourrez y créer votre propre assemblage à partir des ingrédients au menu. Ouvert tard dans la nuit, il s'agit d'une halte populaire après la veillée.

14 Saloon 💚
1333, rue Sainte-Catherine Est

Le Saloon, c'est LE restaurant branché du Village. Ouvert depuis plus de 20 ans, il offre un menu épatant de cuisine québécoise et une ambiance survoltée.

PLACE AU SPECTACLE

Avec toutes les salles de spectacle qui s'y trouvent, il est impossible de s'ennuyer dans le Village. Que vous ayez envie de voir une pièce de théâtre ou un spectacle de travestis, vous serez comblé.

15 Cabaret Mado
1115, rue Sainte-Catherine Est

Le cabaret de Montréal et un incontournable du Village. Les *drag queens* et votre humble serviteur donnent tout ce qu'ils ont dans le ventre pour vous faire passer une soirée mémorable. Ambiance survoltée et plaisir assuré. L'été, une terrasse est aménagée directement en façade, sur la rue Sainte-Catherine. Si d'aventure vous souhaitez m'y voir, j'y suis les mardis, vendredis et samedis. **www.mado.qc.ca**

16 Campus
1111, rue Sainte-Catherine Est

L'un des bars de danseurs du Village réservé aux hommes. Fantaisie et érotisme sont au menu, et il y en a pour tous les goûts. Cela dit, le Campus ouvre aussi ses portes aux dames le dimanche après 21 heures.

17 Cinéma Cinéplex Odéon Quartier Latin
350, rue Émery

Le cinéma Quartier Latin présente uniquement des films en langue française. En plus de ses 17 salles, on y trouve un bar, un café et une salle d'arcade.

18 Espace libre
1945, rue Fullum

Le théâtre Espace libre est un lieu de création et de diffusion artistiques au cœur de l'ancien « faubourg à mélasse ». Fondé en 1981, il a élu domicile dans une caserne de pompier désaffectée datant de 1903. En plus des représentations théâtrales, on y propose des conférences et des rencontres avec les artistes. Outre ses deux troupes à demeure – le Nouveau théâtre expérimental et Omnibus –, Espace libre accueille chaque année plusieurs compagnies de l'extérieur.

Le Village

15

19 L'Olympia
1004, rue Sainte-Catherine Est

Construit en 1925, L'Olympia est un véritable trésor d'architecture. Cette salle de spectacle a vu se produire sur ses planches plusieurs grands noms d'ici et d'ailleurs, notamment Clémence Desrochers (je l'adore!), Georges Brassens, Rita Mitsouko et Adele, pour ne nommer que ceux-là. La célèbre pièce *Broue* y a aussi été jouée pendant plus de 17 ans.

20 Projection de films au parc de l'Espoir
Intersection des rues Panet et Sainte-Catherine Est

Tous les jeudis d'été, des films LGBT sont projetés dans le parc de l'Espoir. Cet événement a pris le nom de « Jeudi Image+Nation ». Le visionnement débute au coucher du soleil.

21 Théâtre Prospero
1371, rue Ontario Est

Chaque année, le théâtre Prospero présente deux ou trois productions

★ Fierté Montréal
Août

Fierté Montréal est le plus important festival gai de Montréal. Des activités et événements de tout genre y sont proposés aux résidants comme aux visiteurs : présentations artistiques, spectacles musicaux, conférences sur les droits LGBT, rencontre d'écrivains gais et, bien sûr, le fameux défilé de la fierté gaie, qui a lieu à Montréal depuis 1979. Fierté Montréal, c'est aussi un événement engagé qui célèbre les droits LGBT et qui met de l'avant les divers organismes et groupes de la communauté gaie, notamment grâce à sa journée communautaire.

de sa compagnie résidante, La Veillée, de même qu'une dizaine de productions de troupes invitées. Des grands classiques aux adaptations originales, son répertoire est très varié.

22 Théâtre Saint-Denis
1594, rue Saint-Denis

Fondé en 1914, le théâtre Saint-Denis a accueilli dans ses salles certains des plus réputés orchestres internationaux, dont celui de La Scala de Milan. Dans les années 1950, il était considéré comme le lieu de spectacle le plus somptueux et moderne de Montréal. Aujourd'hui, de nombreux musiciens, humoristes et autres artistes québécois, canadiens et internationaux le choisissent comme lieu de prestation.

23 Stock
1171, rue Sainte-Catherine Est

Le bar Stock se vante de présenter les meilleurs et les plus beaux danseurs nus en Amérique du Nord. Et je seconde : ils sont vraiment sexy ! Une chose est sûre, on y passe une bonne soirée dans une ambiance frivole et décontractée.

24 Usine C
1345, avenue Lalonde

C'est la compagnie de théâtre Carbone 14 qui a fondé l'Usine C en 1995. La maison se spécialise dans les créations contemporaines multidisciplinaires et accueille parallèlement dans ses murs une galerie d'art. Installé dans une ancienne usine de confitures, le complexe a remporté plusieurs prix d'architecture, dont le Prix d'excellence de l'Ordre des architectes du Québec dans la catégorie « Conservation et reconversion » dès l'année de son ouverture.

★ Festival international Montréal en arts (FIMA)
Juin

Le FIMA, c'est une galerie à ciel ouvert qui s'étend sur plus d'un kilomètre le long de la rue Sainte-Catherine tous les étés. La mission du festival est claire : démystifier et démocratiser l'art. C'est un événement incomparable où vous pourrez découvrir des œuvres et rencontrer des artistes de toutes les disciplines des arts visuels. Le contact entre les artistes et le public n'a jamais été aussi intime. Pour l'occasion, le quartier présente en outre de nombreuses installations sons et lumières, des performances multimédias et des exposi-

PRENDRE UN VERRE

Il y a beaucoup de bars dans le Village et les Faubourgs. Je vous propose ici ceux qui, selon moi, ont un petit quelque chose de plus.

25 Club Date Piano Bar
1218, rue Sainte-Catherine Est

Le Club Date saura faire le bonheur de tous les amoureux du karaoké. La clientèle est très variée, mais tout le monde s'y rejoint pour s'amuser dans une ambiance décontractée. C'est aussi un bon endroit pour entendre des chanteurs de talent, dont certains assez connus sur la scène montréalaise.

26 Le Cocktail
1669, rue Sainte-Catherine Est

Cet endroit hétéroclite propose des spectacles de *drag queens*, des soirées karaoké et divers événements. Un cinq à sept lesbien très populaire y a lieu tous les vendredis soirs.

27 Le Saint-Sulpice
1680, rue Saint-Denis

Situé au cœur du Quartier Latin, le Saint-Sulpice est une institution montréalaise. Un immeuble victorien construit à la fin du 19ᵉ siècle accueille depuis 1980 le célèbre bar qui fait aujourd'hui partie intégrante de la vie culturelle de la métropole. Ne manquez pas d'aller faire un tour sur l'immense terrasse à l'arrière de l'édifice, où une magnifique fontaine égaie le décor. On propose ici, sur quatre étages, quatre styles de musique et quatre ambiances différentes.

28 Le Stud
1812, rue Sainte-Catherine Est

Mon bar préféré. Il n'y a pas mieux pour prendre un verre entre amis. Plusieurs soirées thématiques et événements spéciaux y sont organisés tout au long de l'année. Surveillez son calendrier!

29 Taverne Normandie
1295, rue Amherst

La Taverne Normandie est l'une des plus vieilles tavernes gaies de Montréal : elle existe depuis 1917. Vous y trouverez une belle sélection de bières, dont certaines de microbrasseries locales. Karaoké du mercredi au dimanche soir.

ALLER DANSER...

Des fois, la seule chose qui fait du bien, c'est de se trémousser les fesses! Après un spectacle ou un bon repas par exemple. Qu'à cela ne tienne, le Village compte deux super boîtes de nuit.

30 Apollon
1450, rue Sainte-Catherine Est

Avant de franchir le seuil, prenez un instant pour observer la façade. Cet ancien bureau de poste, ouvert en 1911, a tour à tour accueilli dans ses murs salles de spectacle, théâtre et bar. C'est en 2011 que le club Apollon voit le jour et devient un véritable temple de la musique électronique attirant les plus beaux garçons de Montréal.

30

31 Unity
1171, rue Sainte-Catherine Est

L'Unity propose, les vendredis et samedis, des soirées de qualité. Deux salles, un salon VIP, une terrasse sur le toit, des DJ locaux et internationaux… tout est réuni pour une sortie réussie. Cette boîte de nuit branchée est le lieu de prédilection des plus jeunes dans le Village.

Si vous trouvez que la soirée finit trop tôt, pourquoi ne pas continuer à danser jusqu'au lever du soleil?

32 Circus
917, rue Sainte-Catherine Est

HORAIRE
Vendredi et samedi, 2 h à 8 h

Le Circus – le plus grand complexe *after-hour* au Canada – vous propose des nuits endiablées, animées par des DJ de renommée internationale. Trois salles pour trois musiques différentes – de quoi plaire à tout le monde. L'endroit est surtout fréquenté par une clientèle hétéro.

33 Stereo
858, rue Sainte-Catherine Est

HORAIRE
Vendredi et samedi, 1 h à midi

Ouvert en 1998 en plein cœur du Village, le Stereo vous offre une superbe piste de danse et une musique de grande qualité. Des DJ aux éclairages, tout est choisi avec soin pour créer une ambiance survoltée. Ici, les gais sont majoritaires.

POUR EN SAVOIR PLUS

Aires libres
aireslibres.com

Cabaret Mado
mado.qc.ca

Festival international Montréal en arts (FIMA)
festivaldesarts.org

Fierté Montréal
fiertemontrealpride.com

International des feux Loto-Québec
internationaldesfeuxloto-quebec.com

Les Faubourgs, pôles de création
lesfaubourgs.ca

Société de développement culturel du Village
unmondeunvillage.com

Voies culturelles des Faubourgs
voiesculturelles.qc.ca

■ **Crédits photographiques**

p. 17   Théâtre Prospero : *Anik Benoit*

p. 20   Chat des artistes : *Mariloup Crispin*

p. 21   Rue Parthenais : *Jean-Pierre Lacroix*

p. 49   Boules roses : *Marc Cramer*

p. 55   Espace libre : *Costa Tovarniski*

p. 57   Fierté Montréal : *Alison Slattery / Fierté Montréal*

p. 60   Le Stud : *Le Stud*

p. 61   Apollon : *Jean-Sébastien Senécal*

STATION DE MÉTRO/
METRO SATION

CABARET MADO

Laval
Henri-Julien
Drolet
Saint-Denis

Sherbrooke

Saint-Denis
Ontario

Robin

De Maisonneuve

Sainte-Catherine

Sanguinet
Saint-Denis
Berri
Labelle
Saint-Hubert
Saint-Christophe
Saint-André
Saint-Timothée
Amherst
Wolfe
Montcalm
Beaudry

René-Lévesque

FOREWORD

INTRODUCTION

TOUR 1
Amherst Street, Ontario Street, and the Parc des Faubourgs

TOUR 2
The Latin Quarter, Sainte-Catherine Street, and Sainte-Rose Street

TOUR 3
The Village at night

I'm going to take you to the heart of Montréal's Gay Village. I've lived in this neighborhood for several years now and have been coming here for as long as I can remember. Naturally, this was where I chose to open the Cabaret Mado, which celebrated its tenth anniversary in 2012, around the same time that I celebrated 25 years in the business.

FOREWORD

I live in my Village and know it like the back of my hand. Every day I set off by bike or on foot to do my shopping and run errands. First to Saint-Jacques market for bread and cheese, then on to the Grande Bibliothèque to take out some books, and then a quick coffee at De Farine et d'Eau Fraiche before heading to the gym on Visitation Street for a workout. I usually stop off at Chipotle & Jalapeño to chat with friends and learn a few words of Spanish, buy my fruit at the grocery counter next to Papineau metro station, and then make my way home via the lovely Sainte-Rose Street.

Here, everyone knows me and I know them. It truly is a village! When I was asked if I'd like to write about my neighborhood, to share my love of it with others, I immediately said yes. Yes, because it's a true gem. Yes, because it's packed with history. And yes, because it deserves to be better known.

So, don your high heels, glitter and sequins—you're taking a walk with Mado!

INTRODUCTION

Gay capital like no other, Montréal attracts visitors from around the world who flock to the city to experience what its Gay Village—aka the Village ★—has to offer. Most people have heard of its bars, shows and festivals, as well as the traffic-free zone on Sainte-Catherine Street during the summer, and these are certainly some of the great aspects of life in this part of town, but the Village is also rich in culture and history.

In fact, Montréal's Gay Village has only existed for about thirty years. Since its heyday of the 1990s, the neighborhood has gone through a period of complete renewal and revitalization, spurred on by the arrival of various organizations dedicated to making it more of a showcase for arts and culture.

Another thing that makes the Village such an interesting area is that it is home to people from all walks of life. Open-minded and welcoming, residents are eager to share their stories with anyone willing to listen.

In this guide I've put together three walking tours to discover my Village and its adjoining districts known as the Faubourgs.

Tour 1 takes you eastward into the former Faubourg à la mélasse (molasses district), where traces of the area's industrial past are still clearly visible.

Tour 2 leads you towards the west, crossing the Latin Quarter before winding back toward the main artery of Sainte-Catherine Street.

Tour 3 is not really a walk, as such. After dark, the Village offers visitors a totally different experience than by day. So for this circuit I've compiled a list of my favorite bars, restaurants and hotspots to help you concoct your own tour of the "Village at night."

The Faubourg Québec district, where the Village and its adjoining neighborhoods now lie, grew up to the east of the fortified city of Old Montréal around 1750, as the craftsmen moved outside the city walls due to the rising cost of living. The arrival of qualified labor in large numbers quickly attracted new industries to the area. The fortifications were demolished in the early 19th century, and the French-Canadian bourgeoisie also settled in the neighborhood. Traces of these migrations can still be found in this part of the city.

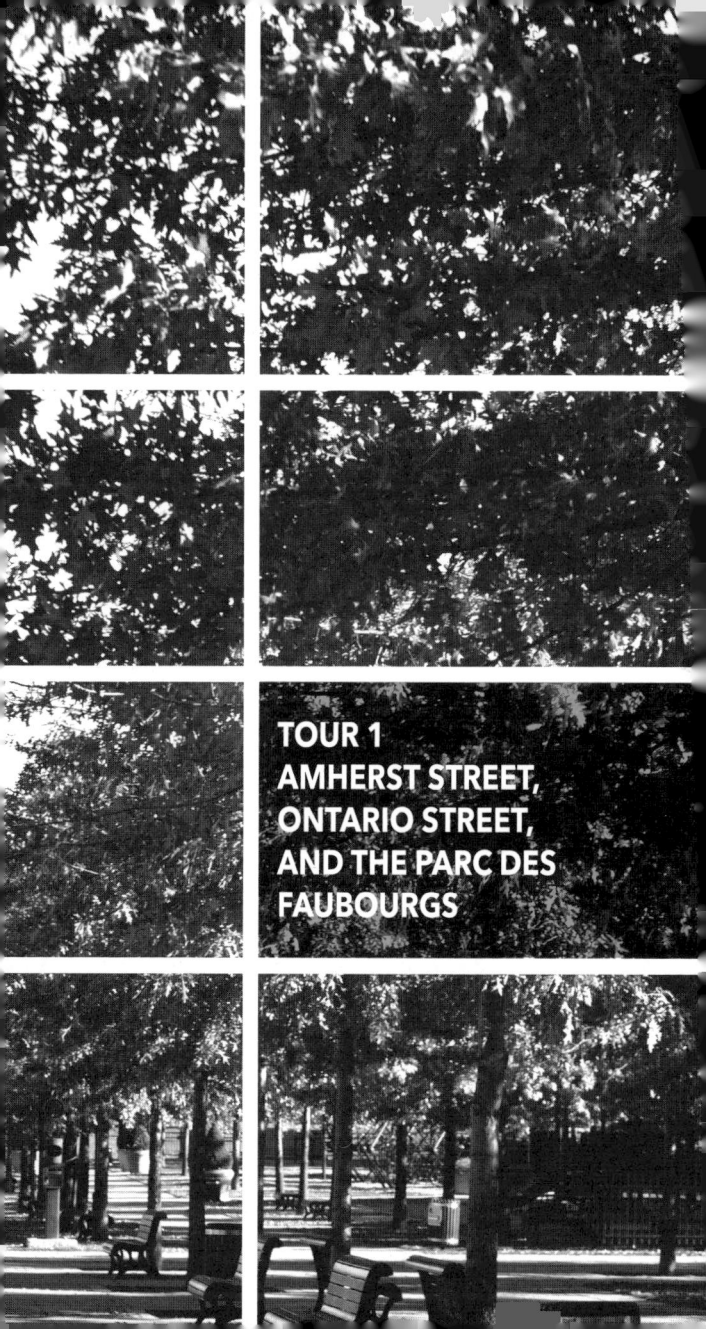

TOUR 1
AMHERST STREET, ONTARIO STREET, AND THE PARC DES FAUBOURGS

START
Metro: Beaudry station

END
Metro: Beaudry station

REFERENCE POINTS

RESTAURANT
Chipotle & Jalapeño
1481 Amherst Street

CAFÉ
De Farine et d'Eau Fraîche
1701 Amherst Street

PARK
Parc des Faubourgs

ARCHITECTURE
Jacques Cartier Bridge

The Village

9

Our first walk begins at **Beaudry metro station**. Right in the heart of Montréal's **Gay Village**, it was the first public building in the world to display the colors of the rainbow flag.

As you come out of the station, turn right onto Sainte-Catherine Street and walk three blocks up to Amherst Street. On the way, you'll pass the famous Cabaret Mado, which we'll get a chance to come back to in Tour 3.

■ Amherst Street

Amherst Street connects Old Montréal with La Fontaine Park further north, and in doing so, crosses the whole of the Village. From where you're standing, if you look south, in the distance you can make out the **Clock Tower**, an important piece of Montréal's heritage, which stands in the city's Old Port.

Our first stop is 1200 Amherst. Suite 102 houses **Galerie D**—the D standing for "dentaire" (literally, dental gallery)—a novel concept comprising a modern dental clinic, a massage therapy clinic, and an art gallery! Rest assured, you don't have to get your teeth checked in order to view the current works on display!

Beaudry station

2 Galerie D

3 Pourquoi Pas espresso bar

4 Chipotle & Jalapeño

Head back up Amherst Street until you reach number 1447. The **Pourquoi Pas espresso bar** serves the best coffee in town. It was opened by two young coffee aficionados just a few years ago, and believe me, these baristas know their stuff! At 11:30 on Saturday mornings they hold a free tasting session of selected brews (space limited). Take a look at the artwork on the walls; all the pieces are by local artists for whom the café reserves display space. Thoroughly recommended.

During the summer months, Amherst Street is transformed and becomes a sort of extension of Sainte-Catherine Street. People meet and gather on Amherst to get into the festival spirit and soak up the atmosphere on its **attractive restaurant terraces**, which are less busy than those on the main strip.

At 1481 Amherst you'll find the restaurant **Chipotle & Jalapeño**, a fabulously friendly place serving authentic Mexican cuisine, and highly recommended for lunch or dinner. Not to mention the very cute waiters!

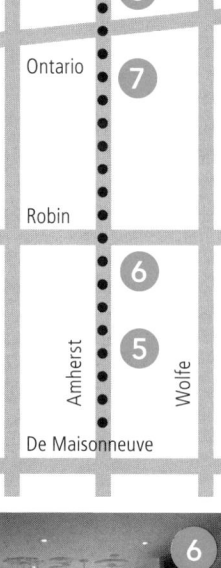

Ontario

Robin

Amherst

Wolfe

De Maisonneuve

Continuing northward, you'll pass numerous businesses, interspersed with restaurants, fast-food counters, fashion boutiques, and private residences. This eclectic charm is characteristic of the neighborhood.

Amherst Street is also known for its unique concentration of **antique dealers**, who have helped to revitalize the area. One can spend hours here happily browsing, so take your time—you never know what you might find! If you have more modern taste, I recommend you check out **Pouf-Pouf**.

A little further up, at 1701, why not treat yourself and your friends to something special at the gourmet patisserie **De Farine et d'Eau Fraîche**? Everything is baked on the premises in front of you, with taste and

The current Saint-Jacques market hall was built in 1931 in the art deco style; however, the site on which it stands has been a marketplace since 1871, which makes it the oldest market in the city. This neighborhood market has begun to thrive again since it came under new ownership in 2012.

5

Silvin Ross, Pouf-Pouf

6

De Farine et d'Eau Fraîche

7

Jack's

8

Saint-Jacques market

attention to detail. The decor is in a calm and soothing **retro style** with Victorian touches. Charming and delicious—what more could you ask?

At number 1883, stop for a few minutes—or even a couple of hours—at **Jack's**, my favorite furniture and design store. If you love retro style decorating, this place is definitely for you, with a wide selection of vintage pieces from the 1950s to the 1980s.

At the corner of the next block, on Ontario Street, you'll come to the charming **Saint-Jacques market**, known to Village residents as "Amherst market"★. This is very much a **neighborhood market**, and, just like in a small village, everyone here knows each other. Shoppers pause to chat with the butcher, the baker, or the cheesemonger. Every Friday in summer, **Québec producers** come to sell their fresh produce, and there's also a magnificent flower stall. The market is open year round, so don't miss it!

Just a little further up on Amherst Street is the **Écomusée du Fier Monde**, one of the must-sees on our circuit. Situated in the former

Généreux public bath, it is a community museum dedicated to Montréal's **industrial and working class past**. What better way to learn about the history of the neighborhood we're exploring? Visit the permanent exhibition and see what other special activities are currently organized.

■ **Ontario Street**

Backtrack to **Ontario Street★**, cross over and continue eastward, in other words to your left. This section of the street is characterized by its early 20th century architecture.

If you glance at the various side streets as you walk, you'll see that they're lined with trees and that most have a park—**oases of calm** in the city. Look up and you'll also see some beautiful houses tucked between the more recent buildings, reminders of bygone eras that marked the Village's past. I'll point out some of my favorites.

At Ontario and Montcalm, you'll come to **Charles-Mayer park**, one of the many green spaces in the Faubourgs clustered around these streets. Admire the facade of the

★ Ontario Street has always been at the centre of local residents' social lives. The numerous heritage buildings along this important thoroughfare bear witness to the history of the Centre-Sud district. We'll have the chance to look at several of them during our walk.

adjacent store: a **mural** entitled
Time in the City. Many other
similar pieces of urban art can be
found in this area—more than a
hundred, in fact, so keep your eyes
peeled. The website lesfaubourgs.
ca (in French only) gives a full list of
these works.

At the corner of the next block
is the youth center building. Go
around to the back of it via Beaudry
Street. The **large garage doors**
reveal the building's initial purpose:
you guessed it—this used to be a
fire station ★!

If you continue right along Beaudry
Street for 200 meters or so, you'll
come to the pretty **Joyeux-Vikings
park**, so-called after a child's
description of a mural depicting

Built in 1875-
1876, Beaudry
fire station closed
on February 23,
1986.

Ontario

Robin

Amherst

Wolfe

Montcalm

Beaudry

9

10 11

12

Joyeux-Vikings park

13

Blue gable

14

Usine C and Olive Orange

15

Prospero theatre

"happy Vikings" that used to be here. Note the water playground resembling longships. Now cross the park to come out on Visitation Street. Over on the right, the house with the **handsome blue gable** is one of my favorites in the neighborhood.

Turn left to head back towards Ontario Street.

See the tall chimney on your right? It belongs to the **Usine C**★, a former jam and preserves factory that is now a theatre. If you're here between noon and 6 p.m., take a look inside; next to the auditorium there's a **gallery** where a number of exhibits are presented each year. At lunch time, you can pause for a bite to eat at the **Olive Orange bistro**, located in the theatre complex itself. There's even a terrace and an attractive private courtyard to enjoy in summer.

When you reach Ontario Street, turn right and head east. On this section of the street there are several **old shops**, such as the jeweler's at 1368. If you look closely you can see its original sign over the door, concealed under layers of paint.

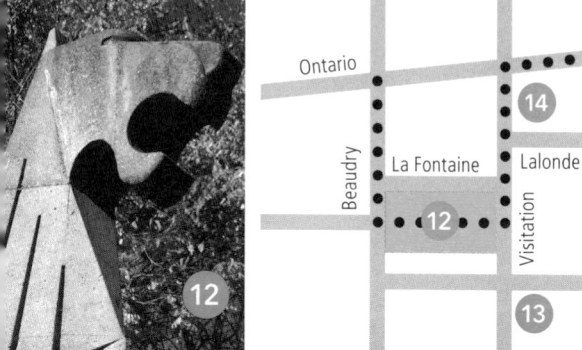

Founded in March 1995 by the Carbone 14 theatre company, Usine C presents creative contemporary works in theatre, dance, music, and electronic and electro-acoustic art every year. The choice of the former Raymond factory as a venue for creation and presentation fits logically with the approach of this company and its founders Danièle de Fontenay and Gilles Maheu. Establishing the theatre here, while preserving a piece of the area's industrial heritage, has contributed to the revitalization of the Faubourgs.

At 1371 Ontario East, between Panet and Plessis streets, stands the **Prospero theatre**. The building had to be rebuilt almost entirely in 1994-1995 following a major fire, so what you see before you is a recent renovation. Established in 1984 under the name of Espace La Veillée, the theatre was renamed Prospero in 1999 in reference to the character in Shakespeare's *The Tempest*. In fact, there has been an entertainment venue on this site since 1911; a theatre (the Lune Rousse), then a family cinema (the Cameo), and then an adult cinema (the Québécois 11). Many popular Québec artists have graced the stage here, including Montréal-born actress and comedian Rose Ouellette, aka "La Poune."

At Ontario and Plessis, admire the imposing **Saint-Cœur-de-Jésus church**—one of many in this district—founded in 1874. I'm told it's magnificent inside, though the holy water might start to boil if I were to enter!

16

Saint-Cœur-de-Jesus church

17

Mural of Alys Robi

18

Lion d'Or

19

Au Petit Extra

20

Fabrique Arhoma

21

Chez Ma Grosse Truie Chérie

From this standpoint, take the time to look up and around you. The architecture here reminds me of San Francisco, where I once lived.

Keep going eastward, and 150 meters further on, at 1676 Ontario East, you'll come to the **Lion d'Or**. Created in the 1930s, this cabaret is today a cultural venue dedicated to upcoming artists. Though it has been renovated to modern standards, all the elements of its decor respect the original art deco style. Stop to admire the impressive mural depicting **Alys Robi** on the side of the building. Entitled *Laissez-la toujours chanter* (Always let her sing), it was created by Rupert Bottenberg and William Daniel Buller, and produced by MU. Group tours of the cabaret are possible. To reserve, call 514 598-0709.

If you're hungry at this point, I recommend either **Au Petit Extra**, a bistro just next to the Lion d'Or, which serves French-style cuisine, or the neighboring **Fabrique Arhoma** café, at 1700, which sells sandwiches and pastries.

The Village

Now cross Papineau Avenue and keep heading east. On the other side of the street, you won't be able to miss the restaurant **Chez Ma Grosse Truie Chérie**; yes, that is a large pig looking down at you! This place serves seasonal dishes made with local produce, so there's always something tasty to try.

The area east of Papineau Avenue is famous for its many tattoo parlors, often with elaborate and colorful frontages. As you pass, you'll also see several **graffiti murals** on the walls of the nearby businesses. If you like this type of art, you'll discover many more in the surrounding side streets and alleys.

22

Parthenais Street

23

Grover factory

24

Chat des artistes

25

Parc des Faubourgs

Continue east on Papineau until you reach Parthenais Street. On the way you'll pass the extensive Parc des Faubourgs, which we'll come back to later in this walk.

■ **Parthenais Street**

Turn left onto Parthenais Street and keep going up to number 2065, where the **Grover factory** ★ stands. This was formerly a clothing mill, built in 1923 and which operated until 1993. The year after its closure, the building was converted to rental spaces and, since then, artists and artisans of all kinds have set up studios here. Not all the studios are open to the public, but it's worth visiting those that are. In addition, every May, many of the artisans open their doors for the "Virée des ateliers" open house event, a rare occasion to view emerging Québec artists and designers at work, and to benefit from attractive prices!

Papineau Goulet Cartier Dorion Bordeaux De Lorimier

25

A little further north, at 2205 Parthenais, the **Chat des artistes** hosts a similar event, the "Salon de Noël" (Christmas fair), which gives the public the chance to meet talented creators, as well as providing an all-important showcase for their work, since this center is not open to the public during the rest of the year.

Head back in the direction you came, towards the Parc des Faubourgs. Walking south on Parthenais Street, you'll come to the *Moulins d'art*, revolving tubes that are actually **photographic works**. Go ahead, turn them! They're designed to be touched, the aim being to bring art closer to the public.

When you arrive at the **Parc des Faubourgs**, turn to face south, i.e. towards the bridge, and admire the landscape.

Larivière

Parthenais

Ontario

At the initiative of the "Voies culturelles des faubourgs" organization, Parthenais Street has become a creative and cultural hub, with already three major creative centres: the Chat des artistes, the Grover factory, and the Lezarts cooperative. This up-and-coming area is one to watch in the next few years.

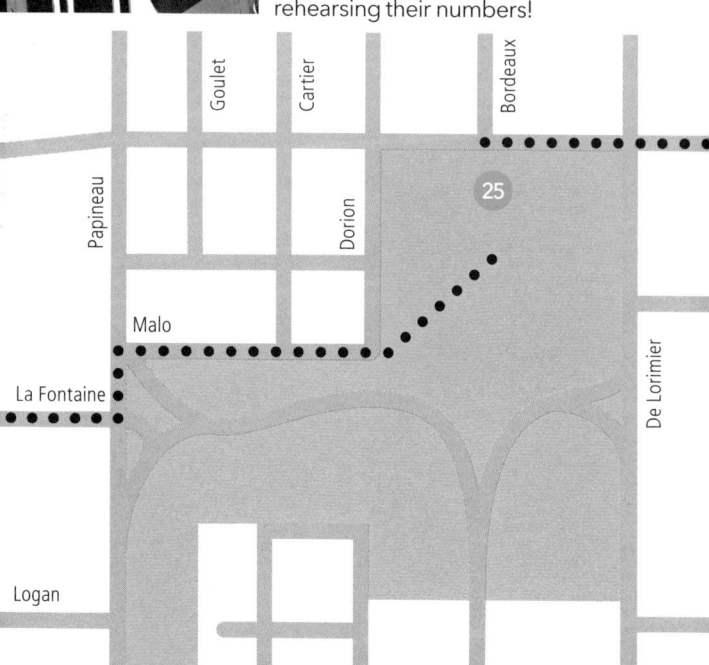

■ The Parc des Faubourgs and the Jacques Cartier Bridge

The **Parc des Faubourgs** is a park like none other in the area. Take your time to explore this extensive, elegant space, where outdoor festivals are held in summer. As you wander, you'll see numerous works of art on display; this is truly an **open-air gallery**—a cultural showcase as well as entertainment venue. Its name harks back to the times when this district was known as the Faubourg Sainte-Marie and subsequently the Faubourg Québec. With a bit of luck, on a fine summer evening you might even come across some of the drag queens from the Cabaret Mado rehearsing their numbers!

★ If you have a couple of hours to spare, you can extend this walk by taking the pedestrian path from the Jacques Cartier Bridge down to Île Sainte-Hélène, where there's plenty more to discover.

To the south of the park, the **Jacques Cartier Bridge**★ is unquestionably Montréal's most beautiful bridge. In 2013, a jury of around forty of the city's most influential people –including me– named it the **3rd most emblematic symbol** of Montréal. The view from the bridge itself is awe-inspiring and provides a unique outlook over the Village, as well as the La Ronde amusement park, the Biosphere, and the Olympic Stadium. On summer evenings thousands of spectators line the bridge every week to watch the **firework** displays for the international fireworks competition. Personally I prefer to watch from a less crowded vantage point, such as one of the streets in the Village or a rooftop terrace.

Let's continue our walk now from La Fontaine Street. To get there, exit the park on the west side; you will find yourself on Dorion Street. Turn left and then right onto Malo Avenue, cross Papineau Avenue and turn left. Just 50 meters further on you'll come to La Fontaine Street. Turn right and keep going.

At this point, I encourage you to zigzag between La Fontaine and Logan streets in order to see as much as you can of this charming neighborhood and its **beautiful houses**.

Especially, don't miss the tiny **Lartigue Avenue**, the prettiest street in the Village! It's situated just to the west of Panet Street, tucked between Logan Street and De Maisonneuve Boulevard. At first it looks like any other side street, but you'll soon discover its charm. It's like stepping into another world. I love to stroll in this neighborhood and take in the atmosphere of these surroundings—in many ways so foreign, yet so close to home.

Turn right onto De Maisonneuve Boulevard, then left onto Beaudry Street. At the corner of the next block you'll find yourself back at Beaudry metro station.

From here, if you would like to continue directly with Tour 2, take the metro to Sherbrooke station.

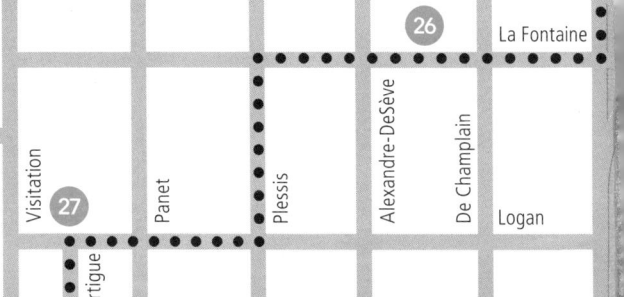

The Village

25

TOUR 2
THE LATIN QUARTER, SAINTE-CATHERINE STREET, AND SAINTE-ROSE STREET

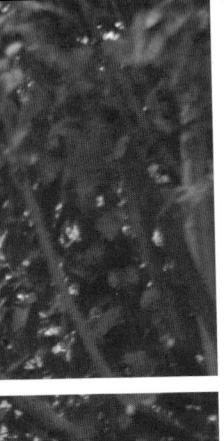

START

Metro: Sherbrooke station, west exit (towards ITHQ)

END

Metro: Beaudry station

REFERENCE POINTS

RESTAURANT

Mezcla

1251 De Champlain Street

CAFÉ

La Mie Matinale

1654 Sainte-Catherine Street East

PARK

Square Saint-Louis

ARCHITECTURE

Grande Bibliothèque

475 De Maisonneuve Boulevard East

Our second circuit starts at Sherbrooke metro station. Exit the station on De Rigaud Street and walk down Berri Street until you get to the next intersection. You are now on **Sherbrooke Street**. Opened to traffic at the beginning of the 19th century, this major artery was at the time a prestigious residential street running along the city's northern boundary. Today you can still see some of the original bourgeois houses along the street, although many have been demolished over the years to make way for hotels and public buildings.

You'll note the eclectic mix of stately residences standing alongside more plain-looking modern buildings. To your left, you'll see **three beautiful houses** in particular: the one with blue gables, the one with grand columns, and the narrower one, which looks like it could have come straight out of Aladdin. I think they're all magnificent!

Turn back towards the metro and turn left onto De Rigaud Street, in the direction of the **Institut**

Sherbrooke station

2

ITHQ

3

Square Saint-Louis and opulent houses bordering it

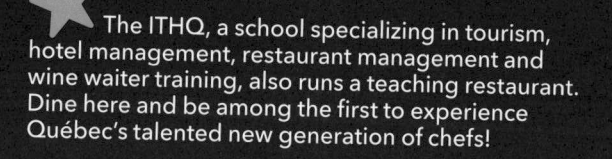

The ITHQ, a school specializing in tourism, hotel management, restaurant management and wine waiter training, also runs a teaching restaurant. Dine here and be among the first to experience Québec's talented new generation of chefs!

de tourisme et d'hôtellerie du Québec (ITHQ)★. Cross Saint-Denis Street, and you'll come to the **Square Saint-Louis**.

■ Square Saint-Louis

This public square was formerly the site of the city reservoir, built in 1820 and functional until 1852 when it was destroyed by a major fire. The current garden, complete with elegant central fountain, was opened in 1876. After its inauguration, the neighborhood soon became fashionable with the French-Canadian bourgeoisie, who built **opulent homes** bordering the square.

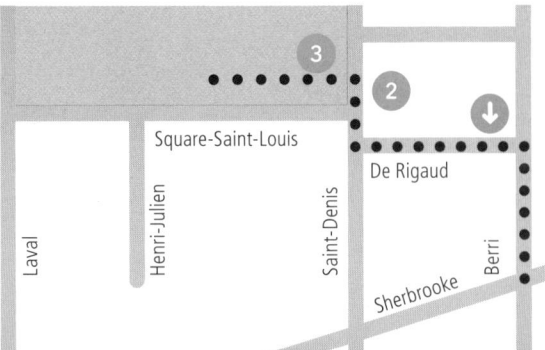

Square-Saint-Louis

De Rigaud

Laval

Henri-Julien

Saint-Denis

Berri

Sherbrooke

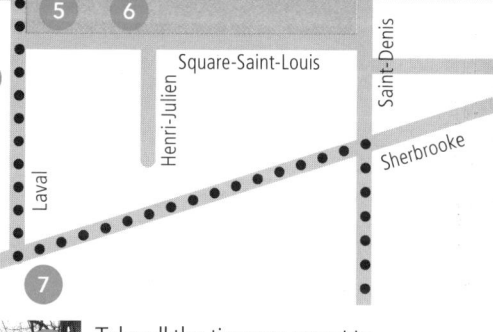

Prince-Arthur

5 · 6

Square-Saint-Louis

Henri-Julien

Laval

Saint-Denis

Sherbrooke

4

7

6

Take all the time you want to explore Square Saint-Louis, rich in history and architectural heritage, as well as the surrounding streets, whose colorful houses have kept their Victorian charm. Numerous Québec artists—writers in particular—have lived here, including **Claude Jutra**, **Gaston Miron**, **Émile Nelligan**★, and, my idol and inspiration, **Michel Tremblay**. A plaque to the left of the door of 3686 Laval Avenue shows that the Nelligan family lived here when the poet was a child.

In the square itself, as well as the stately **fountain**, you'll find a **bronze bust of Émile Nelligan**, a monument to the memory of

4
Former home of Claude Jutra

5
Bust of Nelligan

★ Montréal-born poet Émile Nelligan, often compared to Arthur Rimbaud, was a key figure in French-Canadian literature. Confined to an asylum at the age of 20, his poetry was characterized by themes of childhood, madness, love, music, and death.

★ Another option is to take the pedestrian Prince-Arthur Street, which leads directly off Square Saint-Louis and where you'll find several "bring your own wine" restaurants.

Octave Crémazie, **majestic trees**, and a **charming little café** (open in summer only).

6

Square Saint-Louis

7

Former Mont-Saint-Louis college

At the far western edge of the square, take a left onto Laval Avenue ★. Here again, you can admire some of the beautiful Victorian homes that give the **Latin Quarter** its charm. At the end of Laval Avenue, on Sherbrooke Street, stands the impressive building of the Mont-Saint-Louis boys' college (the school itself is now on Henri-Bourassa Boulevard). The building you see before you was protected under Québec's *Cultural Heritage Act* in 2012, and understandably so!

Turn left onto Sherbrooke Street and head back towards the intersection with Saint-Denis Street.

The Village

5

8

Saint-Denis Street was opened to traffic at the turn of the 19th century and served as a communication route between the old fortified town and the villages that today form the borough of Plateau-Mont-Royal.

■ The Latin Quarter

Saint-Denis Street is one of Montréal's liveliest shopping streets and the main artery of the Latin Quarter★. It's busy both day and night, and offers something for everyone. So let's explore!

8

Manga Thé

9

Cineplex Odeon Quartier Latin

We'll start at 2011 Saint-Denis. **Manga Thé** is a bookstore specializing in Japanese **manga comics** and doubling up as a tea room, a refreshing if not unusual concept. The store assistants know their stuff and can give you some reading suggestions. You can read an album at leisure while enjoying one of the forty varieties of tea they offer! I recommend *Les gouttes de Dieu*, a manga series I've been hooked on since volume one.

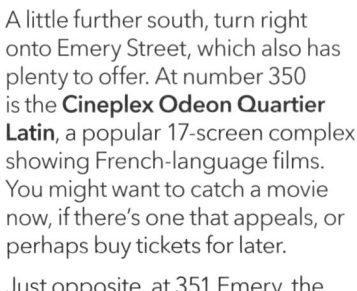

A little further south, turn right onto Emery Street, which also has plenty to offer. At number 350 is the **Cineplex Odeon Quartier Latin**, a popular 17-screen complex showing French-language films. You might want to catch a movie now, if there's one that appeals, or perhaps buy tickets for later.

Just opposite, at 351 Emery, the **Camellia Sinensis** tea house is a mecca for tea enthusiasts, serving teas from the far corners of the world. Its four founders are truly passionate about tea and offer tasting sessions and workshops, as well as professional courses on tea preparation at their Tea School just a few steps away.

If coffee is more your "cup of tea," try the **Saint-Henri Quartier Latin café**, at 301 Emery. This friendly neighborhood coffee shop is a popular student haunt, since it's located midway between the metro station and two large educational establishments: the Cégep du Vieux-Montréal college and UQAM university. The coffee's great, by the way.

Camellia Sinensis

Saint-Henri café

Continue to the end of Emery Street and turn left onto Sanguinet Street, then left again onto De Maisonneuve Boulevard, 100 meters further on.

At 335 De Maisonneuve Boulevard East, the **Cinémathèque québécoise** is dedicated to safeguarding audiovisual heritage through the preservation of films, videos, and television archives from Québec, Canada, and around the world. It also screens repertory films that would be impossible to view elsewhere, and organizes some outstanding special exhibits.

Turn left onto Saint-Denis Street and walk up to 1649, where the **Île Noire pub** awaits. If you're a whisky lover or you'd like to sample some, this is the place for you, with no fewer than 140 varieties to choose from!

■ **Place Paul-Émile-Borduas**

Take the alley next to the Île Noire pub and contemplate the large-scale mural created by the **MU organization** as a tribute to **Paul-Émile Borduas**. MU is a charitable

The Grande Bibliothèque has a total surface area of 33,000 m² over 6 floors and contains over 4 million documents, including 1.2 million books, making it the biggest cultural institution in Québec. It is also one of the few buildings in Montréal to have been designed as part of an international architecture competition.

organization set up to promote and support public art in the Montréal area. It does so by commissioning murals to brighten up certain lackluster areas of the city. Place Paul-Émile-Borduas is a perfect example of its work: this previously unappealing alley has been transformed by the immense wall painting marking the fiftieth anniversary of the death of Borduas, author of the famous **Refus global** (Total Refusal) manifesto.

The building you see right ahead of you is the **Grande Bibliothèque**, the main public library. In summer, Savoie Avenue along its west side is lined with booksellers and becomes the "**Allée des bouquinistes**," where you can find all kinds of used, antiquarian, and specialized books for sale—a treasure trove for bookworms.

The Grande Bibliothèque ★ itself is the ideal spot for tourists to come to read newspapers and magazines or to use the Internet. Opened in April 2005, it is one of the largest cultural centers in Montréal. It goes without saying that students

from the nearby colleges and universities use it regularly, but it has proved extremely popular with all Montrealers. The conferences, exhibits, children's shows and other events held here make it much more than just a place to consult documents. You might also be surprised to learn that it even offers plenty of flirting opportunities!

15

Grande Bibliothèque and Allée des bouquinistes

Cross the library to exit onto De Maisonneuve Boulevard. Across the street is **Place Émilie-Gamelin** ★. This park created in August 2005 is one of the busiest in the city, no doubt because of its location. In summer, people play outdoor chess on **giant chess boards** near the south side, and a number of festivals are held here. Between

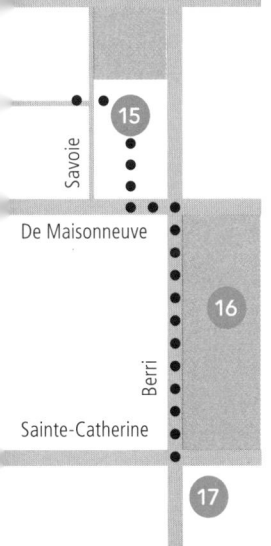

Ontario

Savoie

15

De Maisonneuve

Berri

16

Sainte-Catherine

17

16

**Place
Émilie-Gamelin**

17

Archambault

⭐ Place Émilie-Gamelin
is also known to locals as Parc
Berri, Place du Quartier Latin,
Square Berri, and Parc UQAM.
So listen carefully if you ask
someone the way!

July and October there's a public
market and flower stall once a
week, as well as an open-air exhibit
along the wide Sainte-Catherine
Street sidewalk. If you like lively,
bustling spots, look no further.

Opposite the park, at the corner
of Sainte-Catherine and Berri, is
the province's oldest branch of
Archambault, a chain founded by
Quebecer Edmond Archambault
in 1896, which specializes in music
and accessories: instruments,
sheet music, books, CDs, etc. The
Berri Street store was built in 1930
and has always been home to the
group's head office. Notice its
narrow rectangular windows and
flat roof adorned with parapets,
typical of the art deco period.

Sainte-Catherine

18	17		19	20	21		

Berri · Labelle · Saint-Hubert · Saint-Christophe · Saint-André · Saint-Timothée · Amherst · Wolfe

18
Chapelle Notre-Dame-de-Lourdes

19
Interesting facade

20
916 Sainte-Catherine Street

21
L'Olympia theatre

Before continuing the walk eastward along Sainte-Catherine Street, let's take a short detour to the other side of Berri Street. At 430 Sainte-Catherine East stands the **Chapelle Notre-Dame-de-Lourdes**. This architectural marvel was erected in the late 19th century.

Turn back now to continue your journey eastward on Sainte-Catherine Street. If you're here during summer, you're about to enter the traffic-free zone.

■ **Sainte-Catherine Street**

Sainte-Catherine Street is the heart of the Village. For over 100 years it has been the city's most important shopping street—with good reason.

Montcalm | Beaudry | Visitation | Panet | Plessis | Dalcourt | Alexandre-DeSève | De Champlain

22   23

Many of the stores and boutiques along this strip have kept part of their **original facades**, which creates a unique architectural patchwork. Take, for instance, the building at 916 Sainte-Catherine Street East with its **art deco vertical lines**. See the ornamental features right at the top? They are a reminder that this was originally a pharmacy, built in the 1930s.

If you look up, you'll see vestiges of banks, theatres, old businesses—a bit of everything, everywhere! There's something to satisfy all needs and desires. There are even two good fetish shops nearby:

Fétiche Armada, at 1201 Sainte-Catherine Street East, is reputed for its **top-quality leather** products and clothing for amateurs as well as the more experienced.

Priape, at 1311 Sainte-Catherine Street East, is a sex shop and fetish boutique founded in 1974 and well known in the Village. The building also has an **impressive facade**.

21

22
Fétiche
Armada

23
Priape

24

La Mie Matinale

25

Mezcla

Continue until you reach De Champlain Street, a few blocks further down. On the way, you'll pass a traditional bakery, **La Mie Matinale**, at 1654 Sainte-Catherine Street East. Everything here is freshly baked on the premises. The owner is a devoted Dalida fan and has carefully decorated his store in honor of the world-famous diva.

Turn right onto De Champlain Street and keep going up to number 1251. **Mezcla** is without a doubt the best restaurant in the Village. Its name, meaning "mix" in Spanish, is an accurate reflection of its culinary concept, which is unusual to say the least: a fusion of South American (especially Peruvian) recipes, French preparation techniques, and Québec terroir products. If you're not here at meal time, you might want to book a table for later.

Just after the restaurant, take a left onto Sainte-Rose Street. At 1671 you'll come across a **beautiful French home** that reminds me of the houses in Old Montréal. Whenever I get the chance, I take this route just so I can see it.

Now backtrack and keep going west on Saint-Rose, which is in fact mostly pedestrian between De Champlain Street and Beaudry Street and feels more like an alley, though a sign confirms that you really are on the street in question. Lartigue Avenue aside, this is the prettiest street in the district and offers a **peaceful and charming** alternative for crossing the city from east to west rather than taking the busy thoroughfares of Sainte-Catherine Street or René-Lévesque Boulevard.

Meander along this passage all the way up to Beaudry Street. There are plenty of seating areas along the way, if you need to rest your legs.

The Village

41

The section after Plessis Street has a surprise in store: a magnificent mural of the poet **Denis Vanier**, including one of his poems.

At the corner with Panet Street, look to the left and you'll see the **Radio-Canada tower**, one of the area's landmarks.

Still looking left down Panet Street you can also make out the grey stone wall of the **Saint-Pierre-Apôtre church**, whose entrance is on Visitation Street. Constructed around 1850 in the Gothic Revival style, it is well worth a visit.

Back on Sainte-Rose Street, turn left, then right onto Beaudry Street, to reach the Beaudry metro station.

From here, you could take Tour 1 if you haven't already done so.

27
Sainte-Rose Street

28
Mural, and poem by Denis Vanier

29
Saint-Pierre-Apôtre church

⬇
Beaudry station

Sainte-Catherine

Beaudry

Visitation

Sainte-Rose **29**

The Village

27

27

L'Ordre du jour

43

Il est midi,
il fait noir.

Les projecteurs de la police
allument le jour
que nous ne voulons plus voir,

surtout le terrorisme
du bonheur des autres.

Il faudrait mitrailler ces banquets
qui nous tuent,

coudre aux lèvres des itinérants
ces rires qui bavent la joie

d'être propre.

Il cultive des orchidées,
elle joue de l'accordéon.

Denis Vanier
1949-2000

28

TOUR 3
THE VILLAGE AT NIGHT

START

Metro: Beaudry station

END

Metro: Beaudry station

REFERENCE POINTS

RESTAURANT

Saloon

1333 Sainte-Catherine
Street East

BAR

Stud

1812 Sainte-Catherine
Street East

SALLE DE SPECTACLE

Cabaret Mado

1115 Sainte-Catherine
Street East

ARCHITECTURE

Usine C

1345 Lalonde Avenue

For this third tour, I suggest something a little different: an *à la carte* night out in the Village. From happy hour to late-night clubbing, you can choose your own itinerary from the various venues and hotspots I recommend.

With its multitude of restaurants, bars, nightclubs and cabarets, the Village is a neighborhood brimming with life. The best way to experience it is to do it! People come from across Montréal, even the whole of Québec, to make the most of the great entertainment and to enjoy the terraces, al fresco dining, summer festivals and numerous other celebrations throughout the year.

One night out in the Village and
you'll see why Montréal is known
as one of the party capitals of the
world.

Here are some of my top picks:

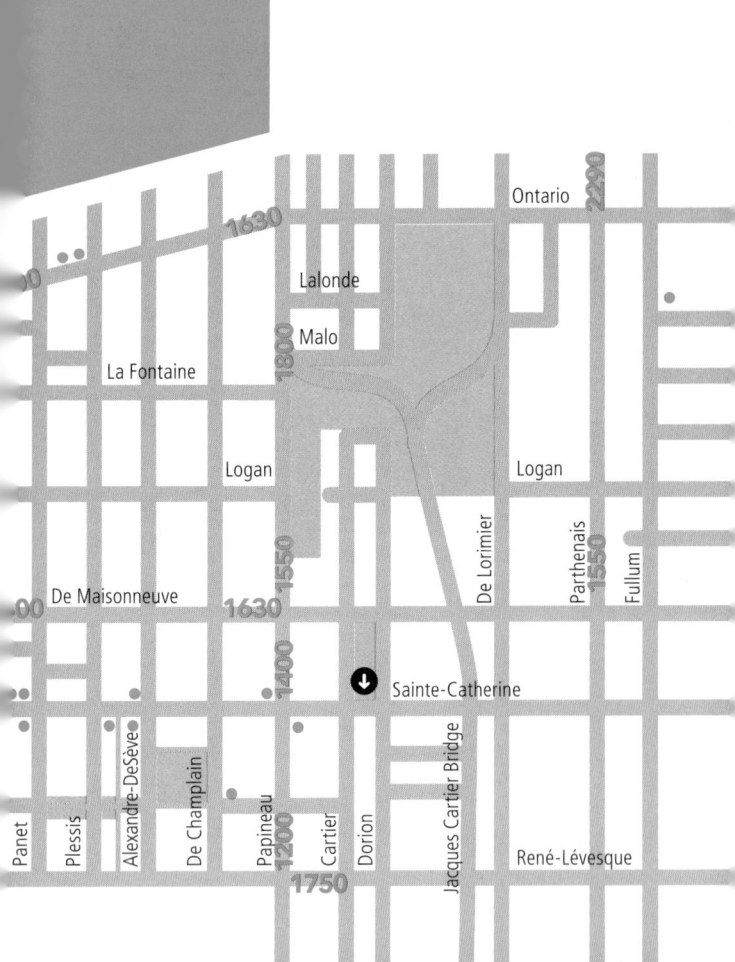

5 @ 7
HAPPY HOUR

Montrealers couldn't imagine life without their "5 à 7," or happy hour, and the best spots, *naturellement*, are to be found in the Village! In summer, with all the terraces stretching along Sainte-Catherine Street East, there's no shortage of places to stop for a cocktail. Coffee is also a popular choice at happy hour time—maybe to get that extra kick for the night of partying ahead!

1 Aigle Noir / Black Eagle
1315 Sainte-Catherine East

The Black Eagle advertises itself as "The happiest gay bar in the Village." Its almost exclusively male happy hour provides ample opportunities to meet beautiful strangers!

2 Sky
1474 Sainte-Catherine East

The Sky complex is one of the trendiest places in the Village for happy hour and the perfect place to begin your evening out. If the mood takes you, there's even a rooftop pool and hot tub!

GOOD FOOD

Given the number of restaurants in the neighborhood, there's something for all tastes and budgets. You'll be spoiled for choice.

3 Bistro Florin
1440 Amherst

This French restaurant serves excellent food at very reasonable prices. The atmosphere is friendly and it's an ideal place to come with friends. *Bring your own wine.*

4 Comptoir 21
1117 Sainte-Catherine East

Right next door to the Cabaret Mado and a favorite among the drag queens who often come here for the delicious fish and chips. Personally, I'm a huge fan of their clam chowder—quite simply the best in the world! Whatever you choose, supper at the Comptoir 21 followed by a night at the Cabaret is definitely a winning combination.

Aires libres
Mid-May to early September

Every year, since 2006, Sainte-Catherine Street East in the Village is handed over to pedestrians. The terraces are buzzing, and the sky overhead is filled with ribbons of pink bubbles, the famous Boules roses created by urban designer Claude Cormier. These 170,000 resin balls in three different sizes and five shades of pink are strung across the street over a distance of 1.2 km.

5 Coo Rouge
1844 Amherst

The Coo Rouge specializes in wild game, so don't be surprised to see unusual things like wapiti (elk) or kangaroo burgers on the menu! There's also a gorgeous tree-lined terrace at the back of the restaurant.

6 1000 Grammes
1495 Sainte-Catherine East

Formerly called Kilo, this is a tempting place for a bite to eat, especially if you have a sweet tooth. The menu also includes some good sandwiches, as well as a delicious veggie burger that I never get tired of.

7 Lallouz Café & Kebaberie
1327 Sainte-Catherine East

As its name suggests, Lallouz offers tasty Moroccan-style cuisine in a colorful and exotic atmosphere. The selection of dishes to share makes this the perfect place to come with a group of friends.

8 Le Resto du Village
1310 Wolfe

While we're not talking haute cuisine, this friendly restaurant serving home-cooked fare is one of the most popular in the Village. Open day and night, it often fills up after the bars close.

9 Mezcla
1251 De Champlain

My favorite restaurant in the Village serves dishes with a South American flavor made with quality produce from Québec. When the two chefs mix, they concoct meals made in heaven! The owner, Gerardo, is a sweetheart.

10 Miyako
1439 Amherst

In an unusual decor of wood, rice paper and original Japanese paintings, Miyako serves superb sushi! Established in 1989, this restaurant has built a strong reputation based on the quality of its food. Closes at 10 p.m., so arrive early.

11 Ô Thym
1112 De Maisonneuve East

This is the only fine dining French restaurant in the Village. The menu is varied, with a wide choice of excellent dishes; you can't go wrong. Before entering, look at the west side of the building to see the attractive mural bearing the restaurant's name.
Bring your own wine.

12 Pho' 21
1454 Amherst

A Vietnamese restaurant that never fails to impress me with its simple yet succulent and very affordable dishes.
Bring your own wine.

The Village

13 Poutineville 53
1365 Ontario East

This place offers variations on a theme of poutine, Québec's signature dish. You can even create your own from the ingredients on the menu. It's open into the early hours, which makes it a popular haunt after the bars and clubs close.

14 Saloon 💚
1333 Sainte-Catherine East

The Saloon is THE trendiest eatery in the Village. Opened over 20 years ago, it offers an awe-inspiring choice of Québec cuisine and an upbeat atmosphere.

SHOWTIME

Whether you want to see a play or a drag show, there's always something to entertain you in the Village!

15 Cabaret Mado
1115 Sainte-Catherine East

The cabaret in Montréal and a must on any visit to the Village. The drag queens and your humble servant will give it all they've got to make sure you have a memorable time. Party atmosphere and plenty of fun guaranteed! In summer there's a terrace out front on Sainte-Catherine Street. If you should want to see yours truly, I'm here on Tuesdays, Fridays, and Saturdays.
www.mado.qc.ca

16 Campus
1111 Sainte-Catherine East

This male dancer bar is for men only and offers something for everyone—fantasy and eroticism guaranteed. That said, ladies are admitted on Sunday nights from 9 pm.

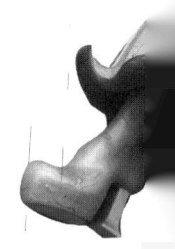

17 Cineplex Odeon Quartier Latin
350 Emery

The Quartier Latin cinema shows movies in French only. In addition to its 17 screens, there's also a bar, café, and arcade.

18 Espace Libre
1945 Fullum

The Espace Libre theatre is a center for creation and the arts situated in the heart of the former Faubourg à mélasse district. Founded in 1981, it is located in a former fire station built in 1903. As well as theatre productions, it also organizes conferences and opportunities to meet artists. Espace Libre has two resident companies—the Nouveau théâtre expérimental and Omnibus—and regularly invites outside companies to perform.

The Village

55

19 Olympia
1004 Sainte-Catherine East

Built in 1925, the Olympia concert hall is one of Montréal's most treasured pieces of architecture and has played host to some of the biggest names in Québec and from around the world, including Clémence Desrochers (whom I adore!), Georges Brassens, Rita Mitsouko, and Adele, to name a few. The well-known comedy Broue (Brew) also ran here for over 17 years.

20 Outdoor movies in the Parc de l'Espoir
corner of Panet and Sainte-Catherine East

Every Thursday in summer, LGBT films are screened in the Parc de l'Espoir park. This event is called "Jeudi Image+Nation." Screenings start at sundown.

21 Prospero theatre
1371 Ontario East

Every year the Prospero presents two or three productions put on

⭐ Montréal Pride
August

Montréal Pride is the city's biggest gay festival. Activities and events of all kinds are organized for residents and tourists: arts and music performances, conferences on LGBT rights, meetings with gay writers, and, of course, the famous gay pride parade, which has been held in the city since 1979. Montréal Pride is also an activist event that celebrates LGBT rights and promotes the various organizations and groups of the gay community, particularly through its annual Community Day.

Inaugurated in 1985 at the La Ronde amusement park, this **international** fireworks competition involves teams from several countries. The impressive pyrotechnic displays are an integral part of Montréal summers and can be watched from various vantage points every Wednesday and Saturday evening from the end of June to the beginning of August.

by its resident company, La Veillée, as well as ten or so other plays performed by guest troupes. Its varied repertoire ranges from the great classics to contemporary adaptations.

22 St. Denis theatre
1594 Saint-Denis

Established in 1914, the St. Denis theatre has played host to some of the most prestigious international orchestras, including the La Scala theatre orchestra from Milan. In the 1950s it was considered the most upscale, modern concert hall in Montréal. Today it is a favorite venue for musicians, comedians and other artists of renown from Québec, Canada, and the world over.

The Village

57

23 Stock
1171 Sainte-Catherine East

Stock bar boasts having the best, and best looking, male dancers in North America. And I second that—they are hot! One thing's for sure, you'll have a great evening in a lively and laid-back atmosphere.

24 Usine C
1345 Lalonde

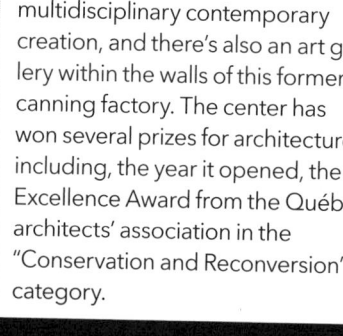

Usine C was founded by the Carbone 14 theatre company in 1995. The group specializes in multidisciplinary contemporary creation, and there's also an art gallery within the walls of this former canning factory. The center has won several prizes for architecture, including, the year it opened, the Excellence Award from the Québec architects' association in the "Conservation and Reconversion" category.

 Festival international Montréal en arts (FIMA)
June

FIMA is an open-air art gallery held on a kilometer-long stretch of Sainte-Catherine Street every summer. The festival has a clear purpose: to demystify art and make it accessible to all. This one-of-a-kind event gives the person in the street the chance to discover works and meet artists from the entire visual arts spectrum, which creates a closer link between the artists and the public. Numerous sound and light shows are put on for the occasion, as well as multimedia performances and

DRINKS

There's no shortage of bars in the Village and the Faubourgs. I've picked out a few that I think have a little extra something.

25 Club Date Piano Bar
1218 Sainte-Catherine East

If karaoke's your thing, then the Club Date is for you. It welcomes a varied clientele, and everyone is here to have a laugh in a fun and friendly atmosphere. Enjoy belting out your favorite tunes or listening to others; some of the more experienced singers are quite well known on the Montréal scene.

26 Le Cocktail
1669 Sainte-Catherine East

This lively, heterogeneous bar presents drag shows, karaoke nights, and a variety of other events. Popular lesbian happy hour every Friday.

The Village

27 Le Saint-Sulpice
1680 Saint-Denis

In the heart of the Latin Quarter, the Saint-Sulpice café-bar is a Montréal institution and an integral part of cultural life in the city. The Victorian building dates from the late 19th century. Don't miss the huge terrace at the back, complete with graceful fountain. The bar is spread over four floors, with a different music style and atmosphere on each floor.

28 Stud
1812 Sainte-Catherine East

My favorite bar—the best place to go for a drink with friends. Theme nights and special events are organized all year round, so check out their schedule!

29 Taverne Normandie
1295 Amherst

Built in 1917, Taverne Normandie is one of the oldest gay taverns in Montréal. They serve a great selection of beers, including some from local microbreweries. Karaoke nights Wednesdays through Sundays.

DANCING...

After a good meal or a show, sometimes there's nothing you want more than to hit the dance floor! No problem, the Village has two excellent nightclubs.

30 Apollon
1450 Sainte-Catherine East

Pause to look up at the building before you go in. Dating from 1911, this building was originally a post office, then a concert hall, theatre, and bar. The Apollon club opened in 2011 and has become a temple of electronic music that attracts Montréal's most handsome boys.

31 Unity
1171 Sainte-Catherine East

Friday and Saturday nights are first class at the Unity. Two rooms, a VIP lounge, a rooftop terrace, local and international DJs . . . all the ingredients for an excellent night out. This trendy nightclub is especially popular with the Village's younger set.

Not tired yet? Continue clubbing until the sun comes up!

32 Circus
917 Sainte-Catherine East

OPENING HOURS
Friday and Saturday, 2 a.m. to 8 a.m.

Circus is the biggest after-hours club in Canada and regularly features world-class DJs. With three rooms for three different music styles, there's a supercharged atmosphere on every dance floor. Mainly heterosexual clientele.

33 Stereo
858 Sainte-Catherine East

OPENING HOURS
Friday and Saturday, 1 a.m. to midday

Opened in 1998 in the center of the Village, Stereo offers a great dance floor and great music, not to mention the DJs and the lighting—all carefully chosen to bring the atmosphere to fever pitch. Mainly gay clientele.

FOR MORE INFORMATION

Aires libres
aireslibres.com

Cabaret Mado
mado.qc.ca

Festival international Montréal en arts (FIMA)
festivaldesarts.org

Fierté Montréal
fiertemontrealpride.com

International des feux Loto-Québec
internationaldesfeuxloto-quebec.com

Les Faubourgs, pôles de création
lesfaubourgs.ca (French only)

Société de développement culturel du Village
unmondeunvillage.com (French only)

Voies culturelles des Faubourgs
voiesculturelles.qc.ca (French only)

■ **Photo credits**

p. 17   Prospero theatre: *Anik Benoit*

p. 20   Chat des artistes: *Mariloup Crispin*

p. 21   Parthenais Street: *Jean-Pierre Lacroix*

p. 49   Boules roses: *Marc Cramer*

p. 55   Espace libre: *Costa Tovarniski*

p. 57   Montréal Pride: *Alison Slattery / Fierté Montréal*

p. 60   Stud: *Stud*

p. 61   Apollon: *Jean-Sébastien Senécal*

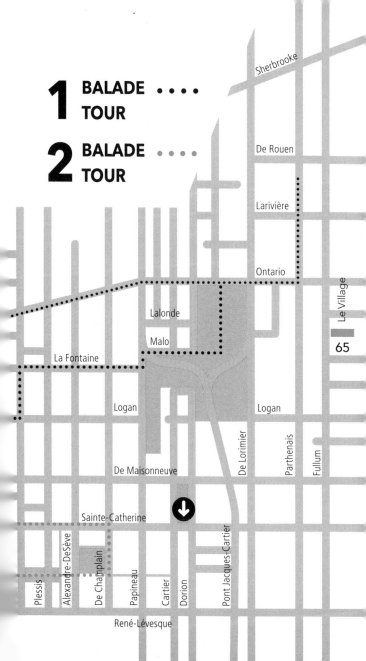

1 BALADE · · · ·
TOUR

2 BALADE · · · ·
TOUR

Sherbrooke

De Rouen

Larivière

Ontario

Le Village

Lalonde

Malo

65

La Fontaine

Logan

Logan

De Lorimier

Parthenais

Fullum

De Maisonneuve

Sainte-Catherine

Plessis

Alexandre-DeSève

De Champlain

Papineau

Cartier

Dorion

Pont Jacques-Cartier

René-Lévesque